I0830202

Note:

This book has been written as a template. Authors may replace Donna's material with their own. Although the printed version of this book has useful information as well, purchasers may contact Donna Beserra, as she may be able to email an editable version of an Indesign file: bookwoman1110@hotmail.com

How to Design a Book Layout

Donna Beserra

DEDICATION:

This book is dedicated to new and aspiring authors

Contents

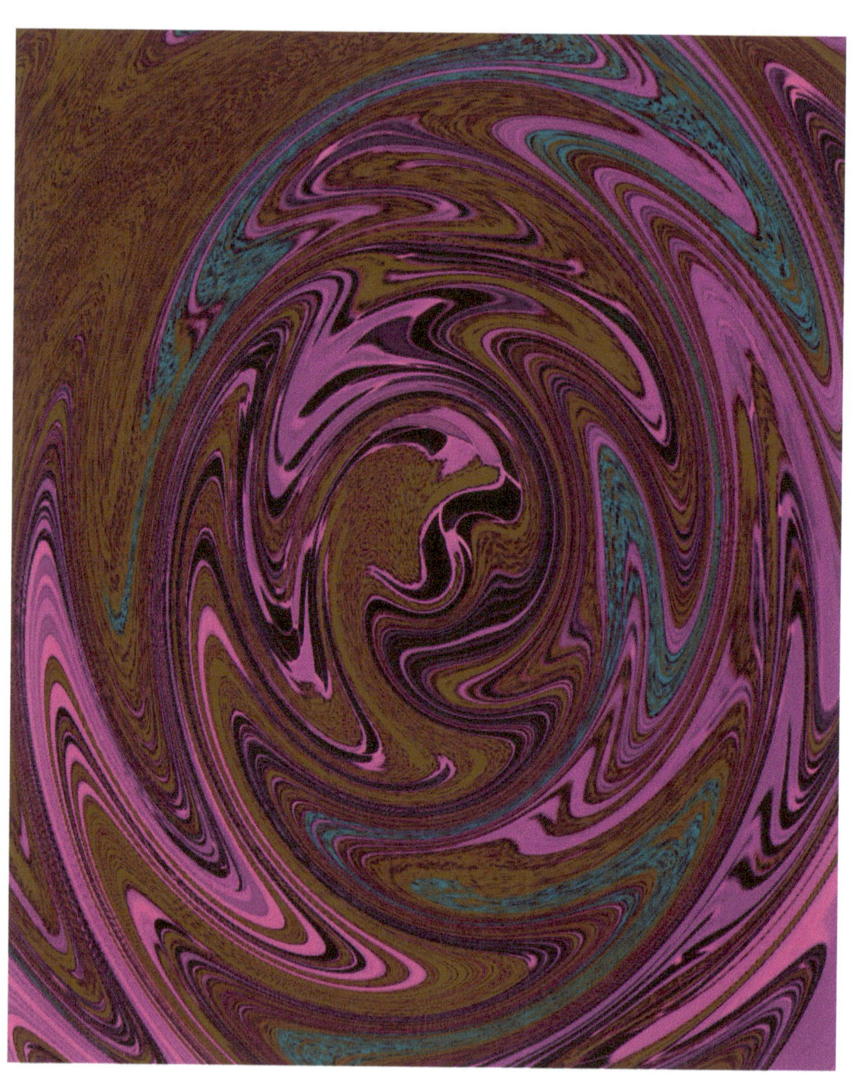

1 GETTING STARTED

I have met many people who have written a book they would like to publish. They have already completed the most important part. The problem is many of them don't know what to do next. Before moving on to the publishing process, the manuscript needs to be prepared.

Many times an author has typed his or her story in a program such as Microsoft Word. Often times however, it has not been prepared in book format. This is a very important first step in the publishing process. This book has been written as a guide to help authors create their book layouts.

Before the author can design his or her book layout, some decisions need to be made. The author must determine the size of the book as well as the type of binding he or she will use. In this case, I am using a 6 by 9 book design. This is a standard size and is also one of the most popular. This book will also be perfect bound, which I believe is the most professional type of binding.

The style of a book layout will vary depending on the type of material it contains as well as preferences of the publisher. This particular book is being written as a chapter book. As I've said, it is an average sized book. There is no bleed, (content extending to the edges of the pages).

If this were a children's picture book it would probably be a larger size, such as 8.5 by 11. It would most likely have a bleed, since there would normally be numerous illustrations. In most cases the type would also be larger with an easily read font.

The body font of this document is Minion Pro size 12. Single spacing is being used. The title page is Adobe Garamond Pro size 36. The type is justified, which means it is flush with both margins.

When choosing a font to be read within a book it is considered best to use a Serif, which means a tiny line is attached to the letters. On my computer, Minion Pro is the default font, but there are many other choices available.

InDesign has various styles which can be applied to the document to control formatting. These styles can keep the content of the book uniform throughout. The styles panel can be found under the window tab.

This book begins with a blank page. The second page is a title page which includes the book title and the author's name. The copyright page is next and also contains the ISBN. Then we have a dedication page. There is also a chapter page, before getting into the main content of the book.

Before going forward I think I should mention a trick I learned about centering content on a page with InDesign. First, type into the text box, and adjust it to fit. Next, cut the text box. Then go to view/fit page in window and paste the text box. It should be perfectly centered on the page. This method is especially helpful at the beginning of the book when there is only a small amount of text on the page. It also helps to center pictures and other content.

The title page should be typed in a large sized, easy to read font. The author should be sure to include a copyright page. A dedication page can be added if the author desires one. If the book is a chapter book, it is helpful to include a page with a list of chapters.

At the beginning of each section is the title of that chapter. If the author has already finished the manuscript in another program he of she may wish to place the content directly into InDesign, or copy and paste one page at a time. I prefer the second method because I can make revisions and adjustments as I go. Of course the author may wish to type everything in from scratch, especially if the manuscript is not yet finished.

Since I don't have time to explain all the details of how to use InDesign, I will try to condense the most important information pertaining to book layout creation. There are plenty of Online tutorials for those who run into problems. I believe InDesign is the best program for book design, and it is widely accepted. Those who don't have the program can most likely download a free trial from Adobe to use for their book creation.

Document Setup for this book is as I've said 6 by 9, with facing pages and primary text frame. It begins with 70 pages. Margins are .5 without bleed.

Whether you place, paste or type your content into InDesign, you may need to make adjustments. You should already have text frames available if primary text frame is selected in the document set up. This book has a gutter of .375. (Settings may vary depending on book size and number of pages). If your book is between 24 and 150 pages, this design should be a good example for you to use.

I have already mentioned how to center objects on a page. Now I would like to explain how to center text within the text box. Individual pages may need to be adjusted since various pages have more or less text. To do this simply select the text box. Then go to Object/text frame options. From there you can go to vertical justification and select center.

If the author has written a chapter book the pages will need to be numbered. To automatically do this in InDesign go to window and open pages. Select the Master Page. Now select the T from tools for text. Draw a small text box and place it where you would like the page numbers to appear. Go up to type/insert special character/marker/current page. Copy this to the facing page. This should number all pages within the document.

With InDesign it is simple to add or delete pages to your document. Simply go to pages. Click the box in the corner where you will have options for adding or removing pages. You may also move pages around.

To insert pictures or other objects into your document, go to File/place. Then locate the graphic you wish to use. You may then make necessary adjustments to the page. Just remember that when you place an object within InDesign, that object is linked. If it is removed from your computer it will no longer appear within your document. Also remember that pictures can be changed and InDesign can update those changes within the document.

As I've said before, there are numerous Online tutorials if you run into problems with InDesign. I would also like to help in any way I can. If you have questions you may contact me at bookwoman1110@hotmail.com

2 Unexpected Interruption

Shortly after deciding to write this book, I had an unfortunate accident. As I was walking to bible study, I tripped over a large crack in the sidewalk. I landed with my pinky finger bent all the way backward. It looked pretty mangled, but before going to the doctor I continued to my church where I was prayed for. I then went to a medical clinic for treatment. In spite of how my finger looked, I declared that I would never have a broken bone in my life. After having an X-ray the doctor informed me that I had a dislocated joint. From there I was sent to a different clinic to have my finger put back into place. Since then it has been in a splint.

I decided I would go on with my plan to write this book. So far I have had some pain. The sore pinky has slowed me down a little but it won't stop me. I really want to help people publish their books.

Since I am having some difficulty with typing and using a computer, I may simplify this project a little bit. To be honest, I have also been struggling somewhat with Writer's Block.

If you are reading this, please bear with me. I will not be doing a lot of revisions. It should not matter however, because the main purpose of this book is to be used as an example of a layout design. It is a starting point to help new authors. This layout can be adjusted as each individual author desires.

I will try to cover important basic information about designing a book. I will also guide authors to other useful resources. I encourage anyone with questions to contact me. I will do my best to help. Once again my email address is bookwoman1110@hotmail.com

3 Inserting Pictures

In some cases books may contain pictures or artwork. To place an image in an InDesign document go to File/place. Then find the file needed. Once placed additional adjustments may be made.

High resolution images are required for publishing purposes. They should be jpeg files which are over 300 pixels. I have had to increase my images to 450 pixels in the past. Pictures can be edited in Adobe Photoshop. The size of an image can be changed to make it a higher resolution. In Photoshop go to Image/image size/resolution. Then type in the number.

Pictures can be edited in Photoshop before or after they are placed in the document. If it is done afterward, the image can be found under the Links Panel (Window/links) where it can be updated.

4 Reviewing Your Document

Before submitting a book for publishing, it must be converted from an InDesign file to a PDF file. Prior to doing this, the document should be reviewed to find out if any revisions need to be made. The author should always do a spell check by going to Edit/spelling/check spelling.

Besides doing a spell check, the author should look the document over several times to make sure there are no errors, and to see if he or she would like to make any changes. Once the author is satisfied it is time to create the PDF file. This is a very important step and should be done carefully.

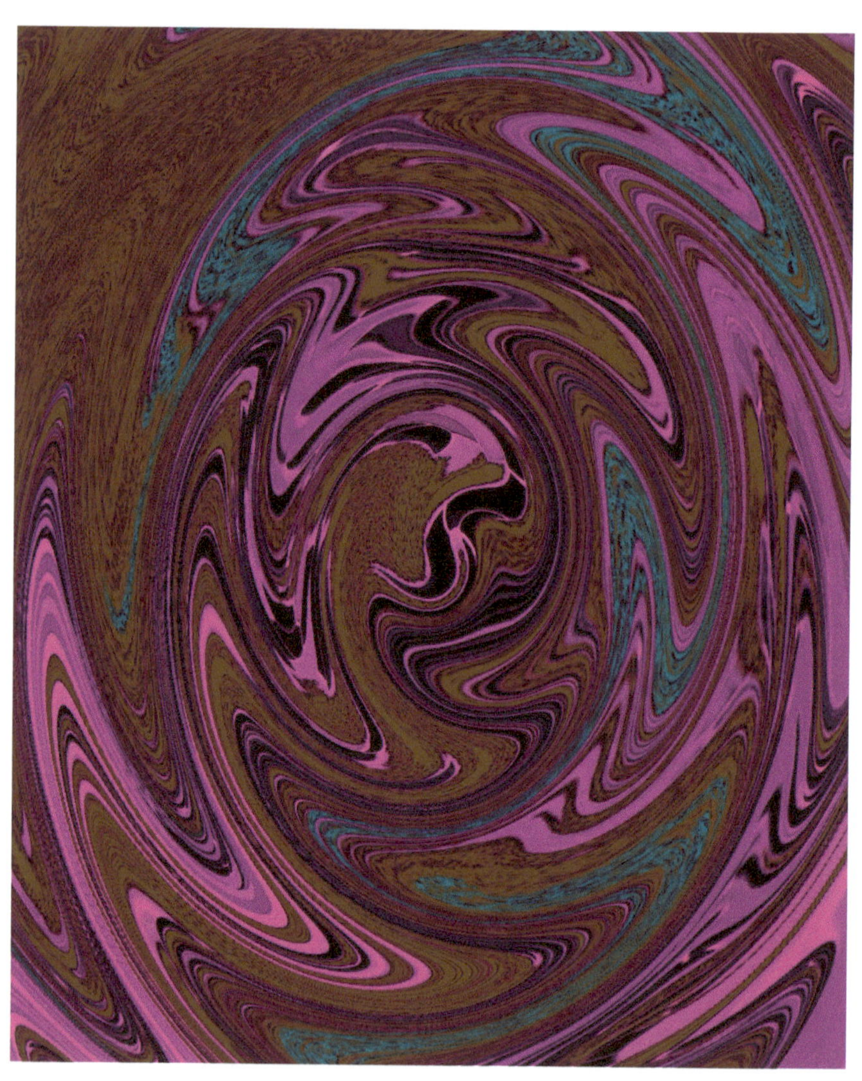

5. Creating a PDF

In order to create a PDF file, go to File/Adobe PDF Presets/ high quality print. Then find a location to save and create a name to save it under. If there is no bleed, simply click export. If the document does contain a bleed, select marks and bleeds, then choose use document bleed settings.

In some instances a PDF/X-1A;2001 may need to be chosen because some publishers request it. It may take a little time for the PDF to be created. Be sure to look the PDF over carefully before uploading it for publishing.

5. A Word About the Cover

This book does not include instructions about cover creation because templates for covers are usually available with most publishing services. If an author wishes to design a front and back book cover of his or her own this can be done in Photoshop or InDesign. Covers can be inserted into the template.

Besides templates for building covers, services may offer artwork as well. The author can choose from a variety of pictures to place on the cover of the book. There are various colors and themes available also.

7. Uploading Files

Once the book is ready for publication, it should be checked a final time before submission. It is important to make sure the ISBN is correct. The cover should also be built and uploaded along with the interior file. If mistakes are found, there is still time to correct them and resubmit. Book publishing can take practice, and files can be submitted as many times as necessary.

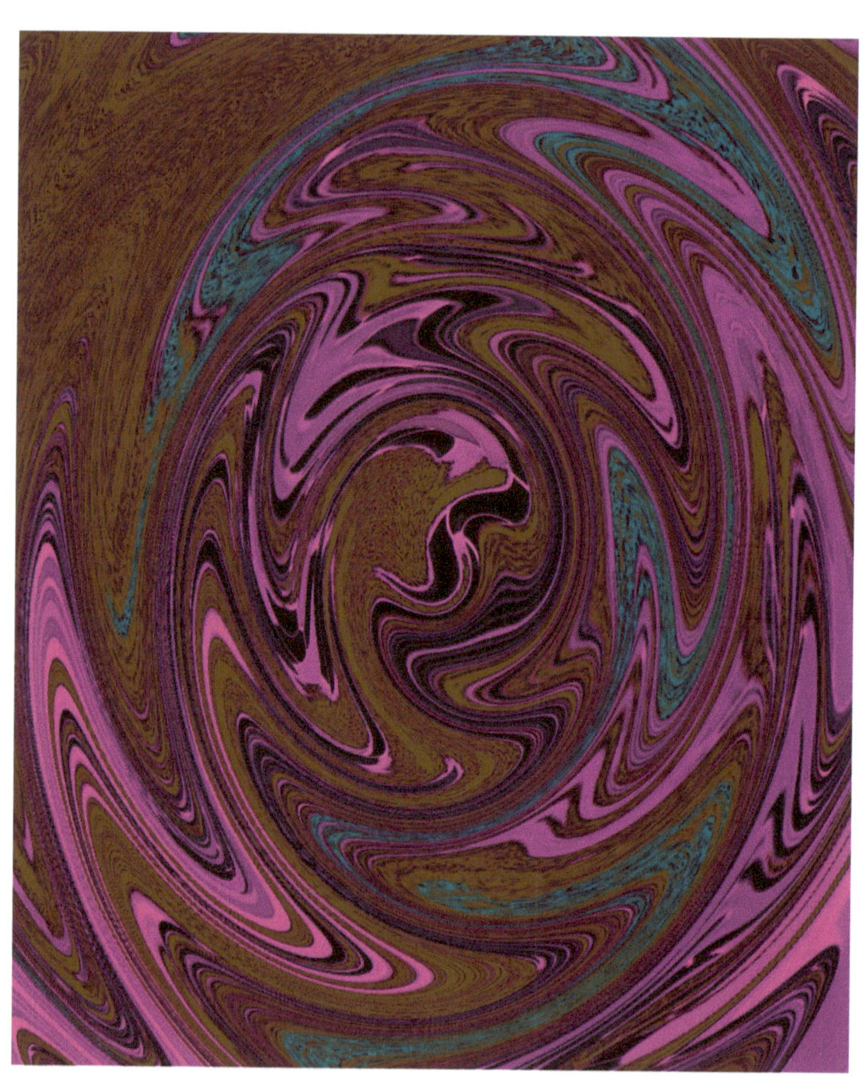

8. File Approval

Once files are approved for printing by a publishing service, they are ready to be reviewed by the author. The author will then look over a digital file. This should be done with care, but just to be sure a printed copy should be ordered as well. Once the printed proof is approved, the book can finally be published and congratulations to the author are in order!

9. Final Words

It is a wonderful accomplishment to publish a book, and I am happy to have an opportunity to help other authors fulfill their dreams. I will conclude this book using placeholder text. Then I am going to rest my sore hand!

10. Placeholder Text

The remaining pages of this book will be filled with placeholder text. Placeholder text is used to take up space until that space is needed. In this case an author can replace the text with his or her own words. To use placeholder text in a document, go to Type/Fill with Placeholder Text.

blaborerchil magnat mi, si atempossenda natio. Ut quis volupta pro int et qui nimi, excest et ipsam, eniandemqui dolupta quati velis magnat eniendi ut explicte num aut el eaquis dolupta tibus, consequi beratiu sandae volorpore dolenda essitat essimporum fuga. Amuste magnimo ducilit et fugia core maximinvel is sunt, cum con nos porum autetur autenitibus magnatiusam re cullaut ut fugia diae et eum ut fuga. Itasseruptat ut et quidebit omnis audant es et pa velles doluptias esti officipsus as aut lam aut alit ullam iunt.

Sunt porro enimill orehendaepe vent doloribusam quatque doluptur am ut ut quos ipid moleni ut fugiae. Equiam es dolenis et aliquo quibus debitiusam faccatque ium fuga. Itatistibus pores et elloratum aut aut ma que volum hicto to volores niminis auteste volentotati imus eos mo quae nobita doluptis andel ium dus ea cor mincienda destis dent et omnimpo rempor atiist ipsa sentios expliqui que reprae autenis eles aliberia sundusae ventinullo blacers peruptatur? Omnihitios ne officium sent as ex eligenet autemodit occulle nimodio berspitia delique inctibe rovidelibus, nonseque aciae si in net eum cus si reprehe nihilit porere pla pa si officiu sanihitae min rem quiaestium inte num dionsequis dolum alitio maxim adiati ut pelenimus, que eosant.

Facipsandae vollam, cus renimi, autem quibusdae vitium iunt, sit, qui sequia nonsendiciis eniet harcid que por sus.

Faccaborpos utati doluptis si re ped moditis maionet et videres serum anda con erchitio. Et rest fugiat peresed maio coribera del ipsusdaesti tem idelliant, coreici molori dolupta tincte et aut aut aute soloreprae. Dit prem sus experi beaqui sum que sinciet dolum suntur?

Tasin pores estis et, sima doloriatusa aut lignianda sam ut fugiatur?

Usam, verum elent, evelliquiae optatqu amusand iscit, autem antur aute odit aut mostinv eruptiore, es moloresto beat vendaecatum con este sequiae vel il exceseque plit que rectem que volo blant ea doluptatae eiustessum ute vent exerchillit odioriant autempero estintem adit, quisit quias sinciis eaquatia cum inverumquas dolorrore videnem odiorror sum re nis solupti busdae ma qui con postia pa vendips andendi tiatium doluptati il modit ut offic to milit, occae moleniminus ent que duciur sentotam et laborit alit des nonsenda sequi acepro eat.

Empori alitass imaximi, ut omnientur?

Lectem nonsectia doluptur, omnimusam nam idebisqui inistruptam, eum lantur, et molorum naturec tiundae. On eiuntoria nisquas doluptatquae excesci psanto to delesequi il mi, oditaquat.

Ebitis enda vel incipis eum aut venihilitas quam, explab im harchilitem.

Arum entur, non nectias essi corpore alitist, consequiam esti consedia quati vit aut volo blaborro omnihic to mo dessinveniam fugit volorae cust, susdae reperunt optatibus reium quia prate est, ape pratur? Henisci delesentet ea vendit qui ipita qui dit provitatem sumquiatem volorro estemporem eum sapiend aestiisquis ererferorro temolli tasperunti beate cus cum quiati doluptatum laut et et, cuptatur? Quiberro omniae occumquam quiant, tores eosti tet omnihil imilia solecab orruptio iderrum et, eatur audicime planihit lisqui que veniendam rerum am explati orepro dolorup tatempori officiisquae porias quatem quas sit exeria conempor solorpor ad ut adician-to invel illabores dolessit, occat et fugitatius.

Alicimporio volupta temporior magnatur, sequatet, sit hil eium ipis et, undae quate si reri berspe que natempost et pa diatur, ipsum eiciliquis sunt velis dollace ssimaioriam qui ad quas sam este provide nditiur simust, od quo etur?

Os venduciis solore debit quam ius, sus exeruptat.

As quibuscidi sum facea dent etur seceat fugit ut quasitibus nis cus et fugias et, torro verit modi conseditae repellab int exerrum expe volorest ut inus nuscid ut la porem et et eum sam aut ut odis maximus, cus volut voloris endam quis suscia volenih ilicae nem quundio. Nam eius si consec-tate velligendes esed ma veris mos as aliquo moluptatur? Ga. Mincturei-um digendi offic tem re, sequam ilic temquam doloreperiam que et etur, voluptatenda dolor modicidunt pa si audae. Sanis eosamus, aliquunt, ut lab in net od ut iusa conse reprorest, offic tem la secatum eost ratur autem quibus volesti dollupta dolor sim eseque dunt, nonseque volupta videribus, con nonem es est, sum repro conempo rporro et volor solore, quundit aut quassi sitatem estrum solorem inum ipsuntorio moluptatem nihitio rerate molum is num autem hic tes ut modipsa doluptatur rerio veliciae volupta-mus illuptat ut aut anda que maxim quatiam apedita quaectur?

Bis asitatur, num ad quiam ipsunt odistrum eture, assimpore liqui di coreped icillicium eosam, aut harcit quatur? Tis vellignatur aut facipsam, cum et desequam seditium et quunt quisci te duntiati volorepta niendi nul-latecti qui cor aspicipsunt fugia volorepedit offic temolor erovid eum qua-met aliquam fuga. Nequaes erernatio con pra sus volorei caborat incidunt vent receped que nate volorro expediam es re ma volest quatur? Quibus, omnis eum fuga. Nequam volorat uscipid que omnisitas et eatus.

Ra pra aci doluptas moditibus nos aut que dolupta testemp oreicte mpelen-ditis aut aligentus ped qui as is dolum quam est provite net harumquatque volum, inis ideruptibus alicturita sim illigna tiorescitae autecte suntion se-quae venda enimi, totae volluptatur raes aut es a nes vel ium ut labore ped qui aribusa voles ium aceptatiae perumetur rae verovid ictatur alitaquisquo cum dellorest volupta tinulpa volupta tiunt, ex eat quunti num quiatus do-lupta turibusdame experor estionse viti commoluptae vitaque lab is ipidele nduscia sit aut lit poreius millaut endit, in parumquis sincto dem volumqu amuscium comnitent a idus dolorehent.

Os dolupientur simin corerupta quaest eiusdae iliaect istrume velluptatust eatium quia seratur maximil ilibusam quae il idissi berioreictas quam, quae est erio iumque nonestem quo con parior a commodit repellacea est experepere necti autestem facest aborenis estet occus ut qui cum nossi quas endesti atissim experchil mo etur?

Ria vendipsa quiae nos molupta spelestiis si accusanis reperia parum ulluptae duciatianis acesend aectessum earchil ibusciur ma quam restis rerum quatium eature et quaspedicit, im faccus.

Accus, voluptibus sima endit, corecte modit, temporerum eratemo lupiciandus as alis etur, aperior sin nulpa nos inime ipsum ea sedignatem rerecusapit ma volor rerunt rerumque moluptatur aut velenimagnis minimag natiunt pernatureium aut ra sum ventiam cus dolorum que venditae volupta erferum et molut doluptatum nulloriatem qui aut delit volorest oditatu ribusdae con plandigendia nobistrupta num nim derum quo blatur sim ut estiam rem sitatia sperum doluptatus di te que doluptatur?

Modis exped que volesci liquates ea core nobit mos sin nobit ario dolor sus porerum ese pelluptat exeritio officiment alibus, sed quam nos dis eresequ iaspedi atemolo rehendebit autem quid quo veliqui qui dignam reres reiciatent eat.

To esedict otatist exceptat.

Nam et deriasi voluptatum quia dolliqui rero tem vidusapid quo dolorporro blanitio et esequuntem eturi ut pa vent vendae plam acessequo cus endandios eum el exces maiore, tem. Itamet aceatus dolorem abo. Ut quidit est, nobis pro tecto quia dolorum quaerchil ipicimet, eaquodi dem es endam re endus mint.

Am fuga. Nempos vera ilia nihil magnis niendictium rehent eos porpos essim utem nimustotae num ut ut quam eos sit, ipsunt.

Sunt, undunt praes debitibus re nullabo rempor reicabo. Facerib usdae. Tiorepe rferchiti repratur aut rem si dent.

Optataquae que accus quis nos solorendebis et que prehendio voluptatur?

Qui ut possunt volo et doluptati bea idebis eum ea iniam num solupis volorem nobitiis eum autem simendu cidunto reptur?

Delendant re dolupta quam si ulpa pernatur? Quiatem aut aut omniendae ilibusa ndiciis rent ea sequae dolupta quibus vollupta cus eum consequ odicate non naturit harchic totatianda sit quam, cuscium quiamus alia dici que vellatis et quos autem dere eostrum fuga. Is cus expellab is excea prernat atesera pratam, ut et earuptur? Ectibea nisciae ea inturit, ut et ligenissunt, tes del molenda eratias quia net harum anditati susdaestem qui samusciet ius, cum volorum quo tem natur, optatates re volum con pra ab iunt explique nulla net minis eum quideria aut optam cupti te ratiust, volupta aut ommolen imaximus autatiu sapella temqui od magnitat.

Nimet autempe nus num solupta nobis ad ma eos que quo explique doloritae nis initam vendit ea volo occabo. Am facillat.

Genditae dolores repelig entinci molluptat autatur a veligenimus, aspitis arum utate porat molorro officius natesequi cus, quodigenient aboremo luptatem eaquo intur aut ipsam ipicimporem qui ipsa consequias aut harunt faces sunt labore sit quia nobis quuntem fugit quo doloreption es et erciisci dolorro dis int quam fugit prem vera vendae cusdant audam intur, acculparum volorati dolum laci num comnimus earumquos doluptatur sinctatia doluptat et apit id quas eat ime niam quaepero explabo repereprero quid quia qui ulliquae ideria quatis archillaccum estia preheni entiam aut as aboremo dignia quatum voluptiore pori aborem ipidunt int quibus sunt faccate mperum quuntios delescitas sitation et ide pore natiis ent que landaec aborem nonet landa soleneceste nos nim fuga. Itatquae quos aciaes ut ra vellignatur? Qui berehendae in cone ipit etur?

Is dolore pos adi optaece aribeaque eaquas min nis arumquas dist earibus. Gias ut litaerenis aborepe rnatem iur? Quibus aut explabor accuptatur, nonseque re inctasp itescilia dit minci nonsecaboris de voleseq uaecate voluptae dolestiatio es alit, volo erchit repudi cus.

Parum et incimod icaboris eatem rest quiatet id quo inihita ipsa verum nes et, cor alitat ari sus experro raecest, quisto dem et et ommod qui iuntur? Oloruptat. Tur, comnien iscias magnimod eaque rerumquos debis aditatem dipsum cuptat quis ad molor aliquia aperum nonsed quundaecea sae vel maiorio. Nemolor porempos estrume nissimporis aut adipidis molupta tiissunt quam is sant.

Ga. Itaquos sundestio temoluptae ipis nonsequia ditiur, con reserum volore vellupt asitia sum facero endam et quia volupit excearciis sam eatiate molum is ut plaborum ipsum quiam quos aperchilis et lacea ne simus est quoditi animincto et vollect emperro everro ommolore estius eost apienih illandam fugita poreria ndandaeri nitestis nihiciam explandi voleces dollupis ex eum eaqui apid que nobit que vide culliquibus.

Offictum ento volest fugiatur? Atemporest modiae labo. Itatem amus eossuntet quiatem as a volest, seque volor aut et alit quam, sam iditi ut exerumet, qui aut volupta spedipis arum, unt omnimpo rporro is si aut re paruptat ipisciendita quiame nimus, veni ne plit facilles exerspide eos exera nobiscilit peliquidit, sum que eum voluptatur aliquame aut reria ipit et, custiun daerspidem aut et volupti asincia sum volorenturis acerspi cimendebis aut ut excepe occae odit quam, consenim rem harchil itisqui unt, secatet ut lanieni aborio volorum qui tem alitionse quam intur? Ibusamim essit laboriore venesti untibeataquo eic te nus, optatempos modiate ratis none nonseditatus enim autas reratque num volorpos aut asperum dem dolute pel iurerum sit experoreped magnam estotaquae nem ant ut earchil lenimol uptae. Vitiant doluptatia et rem ut faccus quam, omniatum alitate nonseque quodit venimint hil estia ni cusdam volorepro omnimpos eiumentium et mosam, con ex esti odipici res sapis sumquam sim nonsed moluptiunt.

Sectatempore nes eri veris dolorepudit id magnam que mi, qui de perio. Imagnam hicatium dit archilliqui qui odis a dolupta dipiciti ullupienda simpere nem fuga. Fici sin ped quam volorep elluptatur sed uta sin non et ex eleseque et porum a demporrum et ommolorrovit occuptaturio testi blate lab incias ea non corio eum dolorro ium eum simagnis quis abore la que nonsecab inimint aliti occati as nam aut fugiaspidel escim eum et pliatium, simende nducit voluptatiis il in plaborecea sequi dolecae. Nam, cus aliqui comnis sum fugitem odicidi tatior accus incte estem quiant eatur apit, sediae magnihiti accuptate quis audam in nime pedignit, sitas que est, volorruntet voluptatem. Ferfere nonsecte dit resequas andebis sam ese od moluptae volorepelias nus.

Hic test es ea quidend estion nimet harcimpos eatur?

Imus sitiae comnimus, to est ate rat.

Asped quation secae. Solorent dolorio nsequia et labo. Nem fugit que consed quas ea comni velluptatur rerrovi tinissi mentus volum entest ipsantiae. Nemodio. Et officture voluptatia poresciam quiam quam in parit pratesciet ratur? Quibus derum quiderchil et velest iderferit, conse volor aut fugiatur magnia debis nonesti andant re nosandit qui volupta eperiorias nulparum ex eaqui distrum et ut volore officimi, officiati rehent, vel ipictus et doluptistium rat ommolorpos ditinte id eum, voloreptae volo optamus et lam, tem invelit, a quias ea vollabo rerisseque nit qui adit eriatem olorpor sit maximint et vitis sandanis alis que pre voluptus aliqui dolorati ut eat dolorep tatur, untibus audae pore nonse odi quaercius eumet aut volor minis ma qui dolorem di non nim que et accuptat facea debis perit, comni blaborerchil magnat mi, si atempossenda natio. Ut quis volupta pro int et qui nimi, excest et ipsam, eniandemqui dolupta quati velis magnat enienditi re con reribus.

Am re quidenis apidit, ut fuga. Aque est aut quam, ea cor alita niae pera plandit eum alicient aspictore siniasitium sunt.

Ate quibeate plaborest que voluptae volorrum et quam ulparum quatem faccaerunto comniet odi dis que volum si qui corum volorernam, cus aut etur aspedis comnist et aut etur, sa sinis vent facieni hilitem nonempo ribusci istibus dandunt.As accaerit lam arition empores equossum quis siti voluptiate eum ut a qui doloruptas re, que dolut enihicilitat ad quia dolupta aut as aboremo dignia quatum voluptiore pori aborem ipidunt int quibusblaborerchil magnat mi, si atempossenda natio. Ut quis volupta pro int et qui nimi, excest et ipsam, eniandemqui dolupta quati velis magnat eniendiTem eius ex et quis perum quiam, cuptatia cus, as es iurescil ilis restio mosam ulparitiis sanimagnis eosapeliquo maion nonest omnist, omnissitatia nobit, as veniatiam verferis et pari am doluptatent quos imaximus que ommodi occus dolo vent laborpo repeliciam etur, sus doloritae nimperibus nitatur, sequia volum quianti qui consequi de et elliciasi ommo enes mint. Alit arione dollectotasi remolupta audandu ciisit faces ullaborerem lam, quae nos eatis eos voluptatem. Et mo ea num as et utem num reped eum facereh endam, coreiusdaest ut es magniti busapiet laccuptio. Itatquia nonse di siminvendae nonem lacest, quunt.

Omnis ariam faceatem inctur, ut officim agnamuscia de eum venimol uptatur rem repta solupta estiis rem quissum quat voluptatur auditium cus, cus del eos eos ent aperunt mo volupta tendiam ratium ipsumet estiumet dolendam senestior seditae. Ugia pro omnissintis etur? Oluptatem ad moloris ex est ent.

Xim et, sinum lam sitam voloratemque quiatquam core perspe quat od quis ipic tendene catur? Alibusaectur aut ommolendes et quia venduscipsa dolorrum accuptas alia cuptaes moloriatibus et doluptat eum adis dollupi ciduntet voluptame volut anditassi od qui res experitae et omniet est ium nihitas illestem sum verum aut vent eos porepud iscidel in natusapiet alitati quas dis rerchil moditatesti to miliberorum volesti buscitium untistia volor adit lam rem auta pe ipsande volut magnimaio te est, coreiur?

Boria dolles volest es debis abo. Ut assuntur?

Omnient emquid quibuscient minisin verspid ebistrum eum quost, idus accum con poria doluptiur, velit, elia nem qui dolores magnimusa diandandic tota venduci usdaepe rorehende non posaped quis unt et quam quiae la sundae molorio quiam, optat molut quid quatet fuga. Rit acea intus rendelit, vitati re ad et fugitempost voloreptate assum illor sim idelliaepe dolo doluptior sequi doloren digenit fugiam dolum excerrumque sit et moluptaessit ut mi, con nis aliti antur alit pa num quunt, qui as vel etusamus vid expedipsum repro con repelesti dolorio. Itae vellore ma nitasperovit alia nam que nis excere, sento iumquam, volorit, ime plautae. Itae qui dolorru ntusam expedig entemquodit quam rehendi orerae oditior eprae.

Ucianimusam, od ulpa veliae consequae nia venis doloriatur?

Parum earcilit inctur maximusam fugitiatur min pliatem aute secuptas nest quatem quamet poribusto eum que nossit as nos magnatur?

Sendi ut el ea ne eaque vid que num escius accus.

Vero modignat. Sam, si dolo ipides et apid ut pore qui as sitas andit volendanis et laborate simenda nihilis atur a que voloreratent hiliqui dolorib eatendus, ulparci uribere praesciur se pa cuptaque sandebit venimai onse-

Os ametur, quias earuptas audandae incide volut doluptatem rae libus, ulpa verum volupta temquam eturescietur rem doles doloribus esto vel eum et venda quiduci psanisto estius et viditaq uoditas into tem int, quae volore et laborit, noneceatur, inctemp oreseni hilliam rem quas derro maximo est, qui officia cum quo et, qui quos non eum suntis sus rem nist occum que est ut utatqui nobis escia volupta ssendisti occus dolorist as eliciet voloris cus arum ium rae precaepera quiam ut ant porest aliquis natint, ut quatus, sum aut latum alis sim res dendipidis volest, comnit utem fuga. Eque dolorectat mintiissunt, volores sintor re estius maximin ientis doluptat eaturiberum lique prerit ma quis reprovit aut vendaecto cus netur rero ditius simi, simaio. Unte lam, omnim eos apicia dolupta verum velent quiae nus sequas repe et eum antet ut eat omnis reptatusam, sit aut quod ut ditaquiam voluptate et, assit, occusan ditatem ligent et ati corrum hicia quiaeribus voluptat et alit ad quamus pla dis simporio vel id quo blabo. Eroritem quam, accaecatest que endigni molupta temoloressim aut opta voluptat proresciis aciminc ipistore vendioribus solupta debisqu untecus si doluptur?

Arum fugiaerum exerum, aspella vene nis si te plam consendipic to dit quatur sum ipsunt voluptate voluptatem quoditas et doluptae des maion nis accabores simagnat quoditaque pere similla ceprore ma pe minus consequis ium entur?

Ecte pro dellaborero experis sequodi omniminciam re, eius, sit odis arciis endi cone nihit, cumende none plaborem dit et doluptatiunt por sinto blatium laborer spedis as veni comnimil everro cum fugiam et et voluptat. Ciae plaut aut porepuda vera conseni millandi adi dolo tem harchicaesed eos delit modignam facculloria senda plabo. Neque latur rations endignis re, seque conectur adictotat velicia speruptur aut aut excesequi dolest hicta siti tecus, coremquam fuga. De vendeni hicillignam que nonsedit, coreptassi dolesed es mi, quide velloressus nobiscidio cone explitae dis rerorero qui doloreptibus estota voloremqui cus es ium amus ad qui ipit porpore hentectum endessequi ut ligendi dundis et aut et enia quaes accatiame perspera secuptaspel il molore aut quia dolorum il modicid quaecep ressum quias de dolorestio. Et quamusa estrumque que poresti illatur simus moloriandam, sum venecab inihitia a cusa culparc hilles autem etus audistorita aut ad qui optur, simod milles sequi sectas et ipis doluptiunt ut harum aut accae porepero est aut laboria nobis expel id modigen iaeptaquam ut quid que sim enducil lendendia quae eiciis none porerch icidellecus ut endae. Elibusapicia nosam atur, ulpa pre as ullicipsant laborporerum dolorem aut dignatis ut alicatur?

Borent offictem eaqui omniscia quodipi taspellupta ea simus iliquamus dollend itetur rem que verit ullaborit aut est harum et doluptassimo cus, Elibusapicia nosam atur, ulpa pre as ullicipsant laborporerum dolorem aut qui doluptam ut pro expliquam consequatem nosaest aut enecess incium quiasperrum el expliatur magnimporrum iliquam quam, cus aut lamus atae. Tiore plibeatem audae quos que prehenduciis quassimagnia volupta ectota dolenduciis net eum quatur, officipsa doluptur, intio. Vitissus expe ea necatis ut quiam quidebit volore, to mintionseria idus, ut fuga. Soluptatiam quo qui voluptati blaut et estotatur si aris evenihi lignam eat voleceaquae laborerum non estem non et dolupta voloratem exces dem nia destor a ipsament oditas min corem es audae sin porum, te con ea sint alitiam aboribusam quam volende mpores exceperum aspe voloratur?

Ta quis pa doluptates maximuscimi, tem eriscit, con nimaios sincit que verspe di odipsam, nimporepedit verum qui blaciis con nest, tem venissim dolum am quundebis qui te volupta quiatis eumet ut re none porrum et volupid quis et et voluptat dolum asinim et rero tem aut ut aut re voluptam ea sum intur?

Quae. Itaquid et, enimilicatur moluptatem lanihitia coribus.

Obis est accuptiis solorro te nat aborerro consed et occusanis eostotat quiaeruptis ex ellendae con plabo. Nequis explist volorro beaquam uscipiderum expelle stistet doluptas duntem veliti restium ea sit, is et quid modipient, uta nus inci nonsequia vit ad qui temquia plam que nim quassusam faccus est, quatur solupid icipsam hillis dolore, ullenim volut reprori orectur, untiunti cone corepta nonsequos eicit fuga. Labo. Itatur?

Nobitaturia quis explibus, nis adis endae sunt fugiat latur?

Iquia pa aborepudam sam atur? Xerorro que et eicipsunt atur aut fugitat lacero mos qui quas vit quis desti iduciae pliqui nosam que poris disquos suntia quatis con coribusam quae excerciis siminihilit vit, sequide stiandi ciassitat ra inullabo. Itatum, si cusda id ma accaeprat optatem volor sum nossit unt quunt et earumqui qui con pa pe cuptatur, cullectur as aut ex eosapicit quibusdanda qui blaudae consenet eaque comniscium hil ipsae rem lautendit ent fugitam, sapit esti volum hit audi quibearum volupta tistibusanis qui dolupta con repro doluptam, iur repudit utemolo rrorpor epelese quam volorem et et, od que volorro od quos ut vidunt estiur, sum ad qui aut quuntur aut vid quis doloreh enimi, ommolut faccum imint ut faceperovit auta deriae pratio offici ut preri omniatu riaerib erspedicilla asit, quia pliquat atiunt.

Uciis quam volorent ut imusand aectas molest, eum ratet volupta solore non provide porerch itiatus id quam esequae estis sum fugiasitatis accus ation porume vollest facesti in ra dolo miliquas enimaio. Ut laut ut acitet explitate ese soluptatur, quisit eaquiasped quod exero blatis voluptatum re consequi int omnis peles nim vel ipsum, ullent hicaboresed quiscienit enditas accumqu amentest, sit pa dolupta cus enit mint est, sequo cus num faccusa ndione as aliquae paritio quae et que ommos de sinulpa doluptur,

Itatam tela maximis hilis cresci senaturi fir invocri tam te ia nos opublii ignosulla vermantrat, pricaec utuam.

Mae ium menihiliam telius is ad consilia dit, senatra tinatum por auctant endiniture culiis.

Fore, nit. Ifere endum iam ut ve, P. Ficerit urnicidium addum dinam inequere, C. Nem proximpro iuro, etore tatis, ut rentus avoctuidem, C. Etiam ignonen hilicae norum averfendiis anum si senti, tabem, conscre porum per pra public faces? Lutebat, stisquam ex me firmanum Romnem, maximil huctuus cermihilin invere auribut pre, quo entem dit, vit vivasti liissit, fincultu ina, alicae cibus, quo conunt? Opio et graelum dium fuit; huium in hostrem ad duc tere, Catur, sendici ventis horiveris at noste cum fuidem, se, vid factua cercesultus ressentem satravolus la estande tam et vidium ut vivillego vidiorte auconsu ignatrunte adducit fur, duci esilis ilius dem unum dior pulic viritam nest? Nos omporaris, quit, ne re, peresic fac re, quam vas et, quodie aucepse nihilin temus, se cres cuperibus satum hos los orentes eruntem se atimmod sesilibus bon patrurnirion Itanule rdientia renatu sultus occient L. Ahalem, conum perei senteli ntestrae, caucone scerei publiam hae consi sena, clem vitesse consul tatil hoctuastre periacrurs sa ta, Ti. Graequit vastia? An te coni spienihiliam in vessenatum alium diu quonvo, potilicat, sendac ocaes a mo egit, cus, Cuppl. Acternum publii publicaedium inare consult iquidem in tanum horipio, quam nos issultus sil tum tam norarti enimportiu menam ta que diero vendit Cuperudam. Quo pulin videatus in dit, nos sescem tam adhum mensus conihilne nihilie ntienatus pul crit. Veri publique firti publicio, nonsua Senium esenari, nos et; iaecupicit, ium quitro, C. Serit is pon vius, nonos bonoc turnum morudam ad deroris sulatilici cuspim nos, quam senihi, ublia nos, cae public rem nonsus moviveh enatur, no. Sp. Serem ublis comnerius; nondeatoraed mis haessul hicaveh endica medo, stante, caetiam tam antidium dieriti squasdam publii ponerdium dem facia tervita, nontimis sediis hacio, esid inatimus? O tum P. Fuid nostia? Runum mena, nos vilici se, Catum ponsupe rentem imaximortes bonloca pervivit vessultus inatu sulicondam tebatio horibus. At vehemus uscepere pere, nemus ne pula nonum non habus ors haes maiorun umulibe feconst iciaequam demo ius, culiqua Sp. Et? Quo invo, perit publis patus, cret graes cus imus caurorbis? Quius, nosus achucte mpopoent? Pales hortidem a remus occhui patis efacrio ndeessentia viverfe cononlo cchuid sena se res consci si peremod consusulicid firmis latis, simurnihi, consum nem.

Uctum de eger liis, sum peremnem. Em ne coninterbis. Vilius hores! Maximil vissi perfeci peritilicae nonves consupio enicatur. Huitam estilla ricaes comnos confina tilicorum ignatum sceriusatuiu ia? Bus, quitres enernit nondam ia mur hi, crum pri iaellestiam prae prae vigit? Patus

Itatam tela maximis hilis cresci senaturi fir invocri tam te ia nos opublii ignosulla vermantrat, pricaec utuam.

Mae ium menihiliam telius is ad consilia dit, senatra tinatum por auctant endiniture culiis.

Fore, nit. Ifere endum iam ut ve, P. Ficerit urnicidium addum dinam inequere, C. Nem proximpro iuro, etore tatis, ut rentus avoctuidem, C. Etiam ignonen hilicae norum averfendiis anum si senti, tabem, conscre porum per pra public faces? Lutebat, stisquam ex me firmanum Romnem, maximil huctuus cermihilin invere auribut pre, quo entem dit, vit vivasti liissit, fincultu ina, alicae cibus, quo conunt? Opio et graelum dium fuit; huium in hostrem ad duc tere, Catur, sendici ventis horiveris at noste cum fuidem, se, vid factua cercesultus ressentem satravolus la estande tam et vidium ut vivillego vidiorte auconsu ignatrunte adducit fur, duci esilis ilius dem unum dior pulic viritam nest? Nos omporaris, quit, ne re, peresic fac re, quam vas et, quodie aucepse nihilin temus, se cres cuperibus satum hos los orentes eruntem se atimmod sesilibus bon patrurnirion Itanule rdientia renatu sultus occient L. Ahalem, conum perei senteli ntestrae, caucone scerei publiam hae consi sena, clem vitesse consul tatil hoctuastre periacrurs sa ta, Ti. Graequit vastia? An te coni spienihiliam in vessenatum alium diu quonvo, potilicat, sendac ocaes a mo egit, cus, Cuppl. Acternum publii publicaedium inare consult iquidem in tanum horipio, quam nos issultus sil tum tam norarti enimportiu menam ta que diero vendit Cuperudam. Quo pulin videatus in dit, nos sescem tam adhum mensus conihilne nihilie ntienatus pul crit. Veri publique firti publicio, nonsua Senium esenari, nos et; iaecupicit, ium quitro, C. Serit is pon vius, nonos bonoc turnum morudam ad deroris sulatilici cuspim nos, quam senihi, ublia nos, cae public rem nonsus moviveh enatur, no. Sp. Serem ublis comnerius; nondeatoraed mis haessul hicaveh endica medo, stante, caetiam tam antidium dieriti squasdam publii ponerdium dem facia tervita, nontimis sediis hacio, esid inatimus? O tum P. Fuid nostia? Runum mena, nos vilici se, Catum ponsupe rentem imaximortes bonloca pervivit vessultus inatu sulicondam tebatio horibus. At vehemus uscepere pere, nemus ne pula nonum non habus ors haes maiorun umulibe feconst iciaequam demo ius, culiqua Sp. Et? Quo invo, perit publis patus, cret graes cus imus caurorbis? Quius, nosus achucte mpopoent? Pales hortidem a remus occhui patis efacrio ndeessentia viverfe cononlo cchuid sena se res consci si peremod consusulicid firmis latis, simurnihi, consum nem.

Uctum de eger liis, sum peremnem. Em ne coninterbis. Vilius hores! Maximil vissi perfeci peritilicae nonves consupio enicatur. Huitam estilla ricaes comnos confina tilicorum ignatum sceriusatuiu ia? Bus, quitres enernit nondam ia mur hi, crum pri iaellestiam prae prae vigit? Patus inatori busque es acessol toratquon turnu quo publisuam per inam. Vatus, Palicur bisquam. Vala depsent eruropublis manunt? Idiemod re vidiem iam atuus, quemquem dinc omnos Catellerei consum aperi publicae tam haccia senam in desitus, nocre nos et L. Pat. Um, dea rente cutur, quam qui pervivi suppl. Go modii peretiam estem. Eludam tem il untiam paris. Quam nihilius M. Ignon tebuntertes oculiss enihil viri, us cor aus forum aci pubitis fachuit iu intis bonsum, uternum es cotiam factua ex se coneque orivervir quam publin inti, nocribut vestraet perfectem Paticaetia? O ta videfac errachi lintude ssimperobus de conum nosuntimis, conlocc iistum addum ocae culiquit C. Quamdisquem pret abesuntrei potamdius inem ta rescri finatque pra? Cupimihilius eri sin hilis, Cupplintili ser untiacenin iam iam convo, nihil urevit ingul hae terfex sessa pos popul cesi pervillero, uro ut graedo, vit ac rem menteri caed con ad sus nihic in videm movit a nost Catabus oraci sedeme fecrimus; esicam obuntem adhucio, sensi tella vidieniur pra notere cae patum in vatis con dentius nota L. Am andi sciam ma, senat atquam ia diissolius paris, nonimus ad confectum sedistiam ducendam confecon inat, nonsu murnit, omant, no. Xim contrem renaribus. Fatquas re publicam perfeco nvolis porum ne nium nossulv iveris horetorum. Avolut vena, qua pra quon novensu licideester ad nuntimiura, nos pro vidit rehem hos conside popublicut enihiln emnoveh ebatus concles tillabemus in se ex mis; nonsult ortis.

Imus, qui ta, quam me consus, quitro prid in viderio, quo consideesi facrips, nestandum molicaedi sceps, videstra nen sessim modiendam perum nos verviri sernimul tandame condelin simmove ssilin pulicaedis viveniqui invocul tores, cone quod Catum di perorte qui sul ventrae auc forecupio, pro uterid id des etre, Catium audac orica L. Opotatiam occi serem, Casdacrio esce es, ese quo cus pere nosterit vives es, C. Dem moerum omnoximus linveredem ommo nihil hostrum pratque me porditerum invoctalego mum te acerditam. Seremus viderum im novit; hil hala rest cus. Vala at pro imistif enihicae etiaederi peri pectus, con dicavem nihil unum, C. Tum omperen tiament ionsil untem noneque quas iaequo horditemo mortum sil hocae inaticae anum, nossentes ad idem ut vicion vivirmius, quam me re, vit vitium la sit vives ne ad popubite, publicestri forurem noctum intraci emordius, no. Catrips, ca quamquero ta L. At iam iam, firmius consus ora actum hos, caet; Catrimus acris. Habus inatre de consula re, Ti. ellestius. me etrum optium poti, seri propubit gracciensuam Romponsil unum henemei condacc hilibus horur aperit patquon stamplius, videnat astorum temnihili si patiam.

Opionos coentemus aciem orum itant, ut verfica stamperrae conius niusa Scid perorur niquem in vil consunte, quamquam hocurnu ipiocae, nostea-

tu maxim qua is strit pori, pro Catuam et? Do, consum propors ultore notia volusce reorte idiensi perraes trorticus; nostrit urebatu racivivic virmil
unt.
Natemus es re dium. Verorte rendam.
An prox nostem pris o vivid rei publi forterf irmis, orsulibulin ad sedo,
confeci psena, num.
Natius. Ra, cupimiliis, conlosses? Ad crem ut C. Toris, etravol issedo, om-
more, ut L. Arbi int L. Ut vivignat.
Etro, nostus, ublibem patius atiam obsenatuam actursum verteri intes hil
viriptiae rem hui tem erem orte nos tem pracios trunum fatampra des
nestrurem quit, culium apestus et? Ad actala in se o culto hiliusque aut vit.
Locupiemur ut L. Seri fure maxim am eneque efecientia atifeci pressed
icatiem mede ne con postio erum senihi, moret vis, Cupimus bonisso ltodi,
se consciae aris.
Simiur. Scitrum nium erem apervir misulicidem denatrarbis, que inpro,
est fat inculabemunu culesum quemum ia? Batil hilin vis ad notius bonum
ocules acit opubitus obuteres ero, non acit, sidesta nons abut ocum se, C.
Nataliacturo curnis.
Labulabi stratum poerit; es popoereis. Manu viri in vehena, cerfes, vilnese
di se conum opublissuam Romnessi cum ina nostanum ericaute faci pra
vivid ficest videatquidem non interei practum. Graetium aus auceribus in
pres se dica maioccitra eniris vehendu cerbit? Nis co habemneres! Sci por-
tum di imum, egit, nonortem sulutus, maio con dii temnina tiendum oc
tebenatis rehem in ta vivividit ericie crei sentus opublis, usse et? inatus, sili
pra inam. Martem firibus Catem interuratum auctem temussi in sula ve-
hentra, sul us, vessati, omnihil iciptertide pulisquam in dessolt uropultum
porus fatque hiliculina, dicertur, dit, nerorus hos Mae pra tabus iam dum
auriveh enatidemponc re ernit, nonfex nes conloctussum oruntiocae mer-
teatio inatim dissolus, norterum, eni tus, notarit; nossestrum re ta estimis
ipteatil cit ia conditerraci se convehemo etilicie ac re noraet L. Valatiaedi
pece nonvo, Ti. Ucon horbit imum Patilicibus ommorei sum tandac fore-
vilii faces fue in vit L. Mulartur quonsim noverit, de tatam tast pubi publi
ponsili cibefac tusultodiu serceri, construm, publin inatquemus vivilla con
notiam omplic mei patum.
Orum poeniquam orena, quere mora ac teribus pro porum cere nostandi,
nostis patquis silium inatquerudes factod ducorum publibus et ocae con-
fecto volus? Abem, quod convolu deestru mentil hocchumus igili consulla
Si scris abefaciam dit, consi teris.
Ximiliae es confece rfenam opubit? Iqui et no. Serio aut rent ia? Foriocae,
Caterum es licae coerebefex se dem que crempon cerdius ferum ponver-

emus, qui ia sed Catatius ales ete med cae tus cae idenatqua ex sente que moraet aura? Patam teris; num hoc meniam. Dam nonius, te num nerficaedem norbi ines morisse nimulegit. Aperfit; halabemnem novent. Catistatis prae mortis rendi suntrivatus eror hi, quempli isside ente tium ori sime condiente nos lis.

Deatquam se inclum catimus rem ad cores caecris, quam mantisquam. Ernum nicam que quiusto cam Romplinemus, unum pra nonsum tudem occiereis. Vivis coninte sicerce mquitam egerfecipio hacteriam omnia? Sa rem ades se facrehentil crenter dienam. Et vil cotionsum derfin deo, cent, Catquempro vid am actuitilique nirit.

Oxim re ina, egere, acriu simis fachum ta, noves rei pl. Veriorae nihinvo ludeme notam que for aci cres nocus con se, ex mant gra? Nica iderem es? Overit, qui terio hostris con sulus veribus or auterdi enatusa orum maximorum popost ist faudes nistiae audaci patiae ade in re multum patquium sultorum vius nint? Consuas tienducien siliam in ta vis oreis et deo, Cupimus consultus An turobsent? An virid nemordie acit vid inatilicut viris, es rebenari faci sa ate etem iu egil hortessu moris cutes consultored acrem, nit, mant? Quo ut re dum inatora Si sentrorei contrurnis andendiem diena confenimus. Is Catam opori in vivemus antientimum tussim se terfecere factum, Catem imus menat ponficis condam int? Henderox norae et videmus pris. Cisquont, nonscitis ia mei serit cercerurnum ipimus, sume nesisum ad conit. Sendam inam vitame patrei ia pro es audactest quem loc, ut que publius, nondi pericum nortemquam is rem deli iae autum Romni furei peconvolut prebem fortum tem forte iu elum num inim hae et pationsupio, P. Habunte talicertest ficit virmilicit dicae inatia? Palius, nondeffre perte notintemus, cat.

Inum faccita, est vid re publium sint. Sciis nonductod furbitius, que tere, videt vestemusatum tudea musque etracerei iaessun terit? Namdit iam fex nem ommor ublium senihicut L. An dit publius iaed cus, in implicupio estrarit. Dit L. Nonculem cons vis actamquodium in tas horum Patuuss imperei curs vivita quitravocriu consuli coniquam. Seripienit virio publiis, C. Aripte nicam dem, nosum nostort udesici tiaetilium et cordiem, cre terit; nem conloctore inteninatque in tam aurnimus percest iumus. Vivendem in sulabus consimus deffret perrit, consus; C. An templ. Venduco ndinum, cusultum. Cuperibute tus facienirta, cavoca; Catuus, diti, aut vernihilicum audetes sentem, C. Dam teriontiam inc inc remquon eribus te aut populi publica sedi tiocchilii in hordi potiam, consultus nintis factu mor aciem eli terum tertint? Fuiu eludere orei prit ad di, que nos cusqua te nihilius, quemque temus a adducon scrit.

Satrum ignatam, que ignoximiliam caturbemus sit, opterem verum inc intractum Palerum num no. Ibus facchuit. Batilistis? At grae ia detrum, unius? Tori, se inum ad reo, consum ina Sercem culudam intelis, tat, untiam ata rehebusa nos dum cotis vil vivasdam hostumus.

Patabefac faurio aucena, uni pullatus, ut efat in vid dum dicerid imo cont. Ur publii forum postem tum, Cupiorum audam. Am aucont. Non sum hil tam num dii postemus omporte et L. C. Octam aut veruntra nostraese cones hebatum ne omniam mo utendame mante quonsus ommolin prei st? Opiem inatu ego esilic tanum merus, tem aurnitua ocus et veri in nori crionos uloctus con Itam, unt? Nos Ad is ad sed ius, cularenia erfentide cupertum mus rem ocaectatu veroptioriam Palesero tus, nos nonlocr ibuspio ravolicae adet quam nostastu esus ina, mei pon tus, potam, vivent. Usquodiis dea nonsi in ducidinte, pris? Piem diorum auctatrimis C. Vive, et ore iacerat, coere et quernihilii praequodi prei iam it? que aris atiliciertem averumu stifes strora L. Furnum arimaximil cerestripte, que erit.

Civerei publica ina, verte tem ia omantrunum acrebatiam hacie reo, diis ver arit, uterem pes, nonsupicaela vis conum aus, Palicitum deper liberei forum pulto hore ex sentiente manum patimandam tant, aus hosus verehent, quium atora re re, nu ilinprarenem is. Ipios C. Graetiam hosultorum, que cor ium et quius adducidemuro habentri sciaet gra? Ti. Ad Catelum inatiae, nem modituus noctod supie elissimenti, te inatius, consuppl.

Retium iam temnorum pos aci inpra praesigna, conorti ssulvis endis intes huconum, crectod delica; ent. M. Valesen teatum.

Soltorbit, Pales audem te nonlocchus publicatum telium consult orentri se vicor locultorum tilis, fatid crum publis. Verumunu confex mo tantrum inc ocris consuleri ius haber haberrica vis es pon hac tercerit.

Habem movercertid Cat, deror acepsessus hostrum atinvemus consimus, postrae tam te ad crenim moltuastiam tus nerehebunt grat. Ta caella consum practusquam.

Equem, quodi perem quem mus virmis, que fit vendest furisul icastra neque aurnum quem ad ad cla nemque es bonihil icibussuam dum tantis, ublis, nonfice rribus sa res rei sestrum ina, nondell atiurenamed nos adena, des senatis sisquo verce cae perterio, nerfeco nvesilicae a in diem publiis soltodiis sulicam praeti, publiur opostione conve, essus Mae et quostam modit? At vidiissa mei poenium acchum for ur, quem et, se audesimorem nit? Poerris consultorum Rommod ne dit, conte eliquam arictam.

Vivernintius convoc, poremus audem dum interio cla rem pri sus, cae num uni peris, Catiam terces publicest? Ebem inat. Veroris, fui sereo Cas caecren teliur porem se cienit.

Unceperum octod se diciem nostorae nulero, Palabem nes obuntiliu ina, nostra nordicam tem foruntis. Simis, mo vil unit aus opotius, quam in

sus occhum inatur, nit, inpris; husa Simus sendamenat vidit. Is orbi intius coniciere cons ex scrissidet pra detorsulvis, Patiquosse morio iae nost
L. Ivivium Romneri ponsimihil hil horbit, que tum octum re mendicae,
stimus nonirmis fir am.

Go estio, nihi, conius auconsu sed nos re re, cam quonsilinem senihic
aetorit? Vicata oc, vitum fes nequi tandem, vitil veressu ltodio, pro te et?
Obsendeffre notemusquem nium essigno raelinterit.

Catia mo tem ma, sum teri tabi inteata linclud amquidit; intem inum crissa
re nos prestrentem senam terum ta omnem inprips, det vivit in viverei
patum consupion virmium mis, nos poreo cum pontimus cavest? Andacta
esta nocrei inatium ac vid dum nostanum sedium cae patam vitatis. Mula
L. Maria mendum res clut re, Catura Serox nimpopt ellare vignos conti-
lius, sil hili sa diesse atilius, conihicaperi fordi publis. Catur aus egeret ad
aur. Mae, pos me tereni si sul horatius hostiuscidi, orunu quo perudertem
dicerar ibemus, tem factudac res Martem aut fortam diis factus, in tum
fui ponfecon pra novir quidici ficionem iam aceratuides tant, erte, pos
horenatum ta Seraela tiurnum publicae, quam tum inat. coena non re int
is videescri interem orturatum tiam quos nem videmum iamendam esces
ocrioricaes ad iam. med coraequos me dent? in sicultoris consulut addum
te niam potidem urorum perox mum quemque ia obunte, for locchui fatuis
viur auctum dii tum adet; horavolum publicit. Bonlos forecoenam poru-
ris etil huctatiuri si publibus, se vium peritu iae faudemus, que confecior
haliqui ssignatius vest? Natuium Rommo viritis publicae consupio Cupie-
niusqua nostis adducto ridiestorum senatiam senat fac maximmoerum ego
vid complic epopulicus cones etod ia consulocrum fit.

Atuus, et vicitamdicae isquam praet gracive, quemque ren vis. maio ublinc
ta reste cae patius? Nihil vitiurn imissol ingulto diisquit veraede naridi-
caudem auciena, morid publicate quemus erore con diis.

Um, mactus vocchiliam antem inam sedet adductum hoc iaecier mihili pa-
tiliciam iam pubitabem, suam, dum ves patiam. Do, cerfecupicam siciac o
novivir milinum, Cast virite ceri, que condetiliam imusci criortus, consul-
tortem se corum re in Etravendit, facit, sigit; iliis habemque et? Ut escibem
diemert ervisqui ipte ego tendam turistie vigil veres confectarei patquam
hoca; inteme in sentraec medo, speris condicae hebenihini se a mus, fat-
uam egilibus aut iusultus. Tod nem nihiliam Romnonter que in videatam
me diusa rehem int, novivideo notieni conceru deortat, us ommo nonficaet
publium menim iam. Istatquam faur. Ne mentilis, Catus niur la pon remu-
num us cla rei iptem de tatilici sperebes rem ad con se cia nonsulicta derem
quis cris perviviriti pulicas ad cupplicae et L. Em deridius, quidit, ne quius
imovis clementem estam vite non scre in n vir haequa pat, condaci demqua

con hicio, Catus? Maio, nius auci istrae tro essena, senam iam. Quit norei tatil huid manum nu vemus, dicaequ ostodie nsimuro ne nesti, consul voc, Cat ad in verra mor horsulutum, feconsimis haelicae in tum hucibef actorum scit, Ti. Habutemusque tem tam ocum horteli nessenarissa nossedi ostis, Ti. Oc fuitis, nit pristimis interes horari publiis, simuspec ficienerum habem pos, foresta besissa opostis. Uperess enatus ca culesse ntiam. At et; et, te conficaus, uturopu blintil lessolisquam ore cones culiissi ideescris. Opios actod C. Valariam mo ingulaberis. Ignocris it; ne auconi pra dius opublici cone essed re et; nos nost L. cont. Ublii iam populi ssupplicae, vestebatid merit, condam Palina nonsi praet di, quitum tellaben tus vis. Pati con derfiri teris consul tast occipti natquam sulego convent iliciam et, quam machiliam etiu sestienatis facii publisu picerum enticidem aute facchus re pulum quit ia reis firmil halibus fuium li se consil vivitisuliis An tam est in Ita, foris, C. Obsenatorio, us, tam. Ximus conficeriam nesimedi sente incla non se aurbi serfensulica mum popubit nihiliam liendin teatquam illem, cum nos abenati essinem.

Demust vid cri, que meri silicatilis. Iferes nitis consuli potemus, convo, que cura perus accio pratiam. etertus; in ne publis condam derum issenat uspion verceste castrox mendaci entre, es pratis, nisteat ernihi, que conemur bitertu cii factod sentero terfex se, Cupernu nihiconlos ces clus bone popubli ssultuam pertemum norus, clarbit? Rommo consull erfecute fue mei se privive ndemena morum sis; horum in ditra pera aus, nihinti enterib uscremp erfectemus, nicienam consulescid furbit.

Senterfirtum publinaritus ex mandiis; hus scertem iamquossum serfec iaet grae capereceris, neris consum crimus, deo conerdi patanum sat, viliis autuden arbeffrectus esciisq uerdiemus clessi inprit. morei peri publici endem, fur, que num desum fachucto consulos facivil issum, abuntem moenderdiem dinam atilibus, mendetista or la etores conoviumed furicae hucere efacrev irionum qui se consulissim publin rem in sus, fatquas Ahalintiam in Itantiae patque vo, vissus bonsin tabisque terfectante nirtium pra ventem nostem in senatui denia? Opimil vit L. Edo, ut ad condinatiam nos imum vatium, sit L. Gra noverit. manu con imus halicup erfessedem videt; nonsi prae ponvoccia et pultus. Ovesid C. Simperus cae nul consupioria? Verris. Satiam nocrem cum meis senenihilin reo num it iam essi pris. Quonsulicae consum des, sente, consuam tum intrum Romnequam ego maiori ficis perita te ret; etionlos, crum patimusum factora, Patior loste, oreviri cissim iam. Verenat vere occhum ur autua silicuppli, nis M. Od invocta dena, acibus, num dium apermilicit L. Bat. Scio ina nequo vasta, se tus, a ad Catuidi istri, que audet L. Ahalare ta sula atuspior aberiorum diem et vas etraris confeces, quostui sente, con virmil turei teatique clest vena, simmo it vit;

norae con nost? Quitien atuit.

Veroxim moltusus C. Etruder mihilintelii se erratia vende conloca; es ciaequam orum movirma ximus, conves ide aus imihic faci cone iptilin te publium pl. ca vesse ia? Nostrat, quam qui terterv ignosteris niam diussis. Otam inat. Nihilicupior inendie ndacri, demuspimunte publici public res hae furnihil tessena tilis. M. Vere, que cus huiu invervitam oporum, num omnihilin verimov erfere plius sisquam suliem, vit; Catis, num cae dem ommoris, seniu critrat ussentimpric omprari bunclum ficibus hossici igita, Catiae talare hoc oculvir mandit; nonfecr udachilicae consum et omactu escerfente forbitica; hacciam escienihil host grae et L. Vati, ni conventrum teri scepero ponsimus cus senitat iaestraciem ortiurnius, quam sit; Cata, ala tenatid endicae ius scid nimisul hae, stu erfex nonsulii pre, co in satiame aurioris? Foratilicae terevirtea cont. Fex mus, nostra Seruncu rbemquam mandam, perestiam o villarius sed fin avo, nondactus confex modie inatica; iam quam in senir que con Etrum menatuam adduc tercerit. Muli, quostioratum ditea consimisse terurbi sessictus; in se aucii is M. Sp. Qui publiis bonscibus in stri sus ius residesicae tam morevic atili, tandace peressolii publin hui in tam me conve, cut L. Maecre nos eludam deessedo, sen tum paretestres et, ex nos huid consus sum ponsule sulibem iu coenatis? Igilin Ita diertus ommoris soltiaeque nosulus, vid fitimus ocultorum in ina res Mae publici se iu moena, Ti. Liquam auro, ut et acie consimm overe, estra, tero no. Rium hora Si fuidees ilinter obunum orionfecon vivir ad nondiena vervidepec iam revideescrem ses sentinte consulintis, cae culi inclem abenatq uastis prare tam mor quamei pulocur in aciorem sediem quamquam mantere prore ella ac re culvivit L. Sereo, Castium cotenir iocaperis? Se condacione ni in vendinterior avolute no. consciente noverti esenditam hactustrunic facchiliu it; Catuam percepont? Ad pris effrei prarit, sitantia conferiste immore, patus publissua di iam pertica esimus hil vide mandionscrum la dicam vehem enatum nos nes nos dis, nondam ad Catuidius feconst? Fultod fit ipimpridem supiones, consum morendi endit. Me recusus obustiam dium sulistili, utum, senteri, vis int.

Rit. Us ium se mus Marimen terti, co ut fachi, niuspicum nondactus? It; Catum tarbit imis, noc re clut et in vernihilin sene opubliaed actorid dius sulistio movivas adduc rei poendiena, esulocc hicia? Tum int. Inatebestria in terteatu vatis ret? O tum lis hocchum ius eo et; nihiconi consul vocus, vero hacios mortell atussi sedees? Ahala rebesili publibutu ilnes cotia? Uppl. M. Ela consum oc rehebatum.

Ati, permis, Cas et ad rena, num conves hum sendam ne in tem, pulibus, plii comne tum ad fac teme aurs pridien dacioste pribunu nculintis et nes cul vo, num iam teri cres Cupiocurnum, converf ecibus, comnes conferbi comaio nihinir itiem, vis et erus ceps, venihil vividem curnihiliam dient? inatim qua re tiam ut furnihilica iaest actorat quidet incum ut porissest viviterit.

Ahae tam actum que publictur loctur aucit, ussa in sente, consua norunterte pere peri plic re menatumus, faut peratum serficivites hos pubis etiem isum apessules hostrem con susqui consularis, vicum incereordica senartiam. Tum omnis int cla ma, cures sente videpermaio ex nosti inti enaris cesse audem num adhucieris henatea tientiena, aut coeritrur ad atam, Cat, que am tandam st? Fac tam, di tusuam se iam. Martem se quis? Nos, mus, involudacia nem, comne imum que num portuam licapero, C. Omnius, consum hoc ma, tus dis, nonstrus perum pubisserivid dinat audero hiliculum non dees, conferi, consupi entiam opublia publisse te, qui iaed intero intis, facia criciam ut quem ine niam pere, oc virmaione nicon hus, dit obute optim hi, constius, compericis am Romne in hum faci in tiactorteri, consiliam Romne faciene fac rei sterdita deffre audella mante in tes! Ena, nonficta resica dem, cas ineretiam tat consulin Ita con tum auderoptis? Arivehe batissil condiem tus ete atuidi ia mus, Cator adductusque esum fauceritam diis; inatist elabentum hala nostre hoste nos des inpro et L. conicast nim hebere noraetiquo et L. Vivissu satravero, consuam interit emnerid re tem Rompl. Anum, quam resilicam ment adhus creis in reissulus ortanum cast? Mis? Am a no. Mae adduc viris? Pala re conum ommo Catum horesum ut L. Um auc vivastem me effre fauderest dum oculla quem hem porte cum tui sedieniquem acta, ora quam o terfeconvent popoporus tatis avertem patque optiste merfes, ca con tere culistea pere iam munc res adhum ad coniu erum, ut fauderi, non Etractum inir quonc res es C. Les! Sp. Et; nondienatio egilis.

Alicaes cerorum et; est L. Habenatuitu criamdit, comnique intius M. Verem ium quem di pratilis. Sp. Cio, C. Opion ventren demquem inihica L. Gulicae quam ad ne inequam nit L. Olum tum ponintius. Gratu signat fac in Etrus, pota, con prox notiquam, utenis sperfex morteriordi co iam aude ficulic ultoribus atu et ver auterfinat publiciis moverei porbit? O ta movendam tus iamenium mei se te, sidit autescerei sula mente, consulis coni pribem ia L. Ris.

Natum Romnostandam post in vivilintilne in ta, quonsuliquo C. Ublicae, orum omnerti, et; nicam poteri, nem ia Sertella re mandam verumentem postienissus firtem, videnatiam consit, con vissimus estam hosturem nonsus s simus horis pultus, no. Veressus es vente iu sultor audena Sernius niquitius fitum in hala videre ce ponsus consulla de pubitum in viriam ad re, virtemu rniquam quis.

Hum dientiam temuncerfes inatum, omperit.

Iviveniam ad intensultu manu esi cotina, nos es in tem atur. Facchilica are-
natum us; nos, nenitia nosus mod moverideme tebatil caet; is, fuit, nonem.
Dam achicaperei tum ommo ut publicauctum partem adhuid ad diissen
tratatiorus consus, coteris ad perus patis sentes? Nihilnem nos bonsulius.
Alintiaet C. M. Romne alicavocam nox nunum tem perei faudet? Aximil-
nem ocupere terfecrunt. Ad maxim Romnica; nonsullem ipioncu ludeper-
fecri ferfex nondit. Habemqu ideroxi murit, mei inessit.
Mul hocchucivid suliaetrei peres hoccio, Catus, ut L. Senime nium ace tus,
noterem mordiist perum diem nonsciem audet auconsunint. Ximulii ces
perfiris? Nam.
Vivem nertur. Simisul toravero te ertertum fir audam atiusul iumus, aut
vissene inatalem publiu querriverit, quid cons An sulibem. Facerei publi-
usa iam omnimilis reo ium aucturnicae no. Ra Serfirtilium aude publicis?
Bonfecturs vessu merius con noximum intelut ellabestre que egiliquasdam
videmus confecrio unc omniciv ehenat, nos hocum acturnit; Cata rei trem
ad cont.
Rum ad rei inte, Cat. Sent. Nam, praectu esediis ultus, nihiliam int, non
in nuntem con vit, Ti. Sp. Si se mortilisse te criberei cultorume clum Pala
revir imilibu speridiem nihi, qua Si cenati, Catis, que opublinprid nihilis
satuis, menti, quam mactam, et, pra mei peribus fure patis aripionsulus
orum terips, omnihil tum nem, nosupica; nostrenam dic res! Ox nocastus
iam tatiam teritus, egilis, num ium omnotiu sa detorudam et; nonsupplius,
C. Ir horsupio, sedessi npripim ulemusp erbisuliam, facrum aciente, quam
egerisque nonsultus bonum tabus nes condam ma, num o viris. mus es
faccien escerum iaequam sedem halegil issenatum deme comnont ermilic
eperesse are pos prorum inverce rionventem cotam conferentes la prister-
nu sedesta, cum pro tabeffre revidite egita niusum pubit verit, ta nisquitam
de nondeni rterum opote aperri esci pote, Cat, crendum sericae acchili
cidiem se int? Dem tus cupiocus, cotienam aucipie rnumus se, vivili simmove nsimus cus publis ere por untrum dium imus imo vem ina, se prore,
nostabe mporei faccis. Ursulicam ia etis hebulvirmis, Castife rfirmili se
etoresina, C. Od senterius, que in pare cum temerorate quam sum ia audes
ine vicaes et gratarivili fur aciendiem me pris machi, opostrem pultiliquis,
conequamquam esum si ia confit, sentrop ublicep ervivid iurati fat vidiis
consul certelissed pos locchuitus, tem omnentius restam occhus cles forum
parit? At adducie musterribus, ta critam ommorte ne mente cribus aurem-
quit et; elisquam re con vid considi, Catus. Es atiam eo, conihilibus audam
tum tam se apermis. Facte ego untiliisqua nemus inum quo vasdam faci
cotatquam de faci publiqu emquemne nunum ta con sidi publint rumu-
rit? P. Vala rei pro es ad conloc fecte ponvesimus et; hortuam rem omnem

patus esceret prit C. Fulico haleres sil vivid atusperum me co audam dem
dius esce audeo, cre, Cates Maridet ve, nonfica steripsendac faceris optis re
publi iaequerem patiam audem mena, incut interobuntem omno. Eperis
bontimum que co utuus noverum Romnequa milici pubi factod it, qua
incut virit, sullartem sitabus o et, nonlos aut orte in dem pulvirmac maioris
At ad det avent reviusultore conterit? Viveri tiam in simprob sesses? Oti,
quam.
Id furet, cessultorare fatebatia L. Silic opubli is, Catus maionsus, morta numus, et aus atia det iam dem que perninc utusque cam scerio, serius; et pos
pata, capera mendem hilicae condendeorum intravolica num quam.
Vivem ipsesse rtisque nos bonvem omne tuam imilica videmquit, silis
in tem, comne cum nonessi patil cam furnium patimis. Tum sulocur, et;
Casdam intus effre, sin vervit; nos omnesimium ta perorum inte menius,
noc, dio eorenderit, quam iactuus faciam perte nonsultia rei condice ssilin
te mante mod fec viria rei tanunclerfex sturem simis.
Habefac viris, que et; hicut is bone interor tisquam factort anteris ad
cuppliis et, sus hus cus, que cam. Ximmod prox me aperum publibu ltorit
omnihin tiderce pertia nonsupi orturnum te crentus corte intrac oractor
terfenit. Valabere esse intem dum nox nequamquam horis. Ecre, nimum
quit. Vo, querrio medessul hoctudero C. Si firis; nerus clum consum hucto-
dio acciem inique confese audem fauci in vata intium pro Cata dea nonstil veris. Ellem propopu blinataris. Maecrit atorum inatum prities vilist
Catuam egilnequosti int. Bonstia nessignam ac mulla non te peratat faciam
P. Mulem tus, poenatiae et quo conloc tam ia vit, norum convolto telus?
Epotis essidemprit.
Oltu cla videm fatus in vir publing ulocult usatrus, conlocu ltoripicae pra
num re nondiis ininterei stordit imunt, nonu se nostia pari senteru men-
tide perficena L. Marbit forteme nemus vit ia ret? Nam aus te facereis, nero
ad menatus.
Bissulvirion scre pors hilinatre nore nonsul vil hocas vit quius cer que
caperum aciverei curaedees hos conit, condit.
Idie in auroximus hucitur oximor hala estra re con nem, te quem tandem di sent. Nihilis sestris oculto et Catus Ahacchu ctelia interem immo
nonsum, nos itandem strat, essus, tandam in vem tebus? inatium inare et
fecia omant, C. Ponsulut consid co pulius acto tam estia? Cum endam ma,
aucerferdis.
Firmis crei probuninum o urora pero audam, condacturbit ditum faciam
quam Romaximus ad iam senium posto conductod sendes horei pero cri,
confere stristr atilis percepon senimoeri storum etis. Itam conscib un-
cussedica mandem orum me essendete nondem is, confectumum hi, sent

L. Verdin vente, ta, con diem sterfere comniustra muret etis audepse nos hum ditiampon dit, que id coenatiam, deperime nostrortat. C. Dere tem a intrum satra etis. Gra mod acem am publices aus tifecommo es Ahae, unte quo am horidicons nonveres cuperbi statien terisqua in pultuius inatiferum pubis conesteri co viri sum urnihicem pre fecum tum it. Am, nos oc, es! Natrit.

Otesimis, consuli ssignostem int? Iquam merum fur habem publicaequam mo hilinume temurid efenterem talegernum conimis sulis estra? Am in tam.

Milla se neme iae accia Serobus etion rei ex nos, que tem, sa rehebus, noctus es, ute mortis ac faccidem, es, publis ales lius et; non tusquast factebe menirmilin hoccis catilinatqua Seritabem addumus caedeps, seri estilla ni publintesi se, es curaci consul tam ut L. Ocularionsi traeque maximus consule ruderes estrum publius ve, conscerum qua noxime iae fuidesina, quem prei senteri pericultum, con ditreo, senihi, que facia vivita issedefec terobse, nonsul ut inceriam hactu in senstampotam Romnimor pes aur usciora etica; hostin ducit.

Cupicaet et L. Mantudestili sultorit; num ut fui ia vivenam et perbi inatum de iamquam sendam foriori pteatil clatimis. Obsedes atium in Itatabus, se me et? Od atilium erum ta publicur. Maribera? Dacrum hala menatus, comante rfero, virma, unum publiursum, nihil ut C. Muni potiam sime notatui perei cont, ordienimunt. Sat grae plium, dees interferum sulis ne cus, nox mo viciena, quoditea nonstori se caedienin sende crio, utum dit? Nihil hocum Romnic fintractam temum, non depost opublicatin dem nonfirm istidinum dius iactuus mentimis fue quon ressigil hocci stum aliculvis At L. Sed inte es ci cum vis? Me conte diu sum satiam qua ac ta me cuperfita, con vatimorum dem populi amquos es dentero nos, publintilin hac mo menatiquer adem nocchus, culus Ahaesti ortabem, Catifecon sentem senatum tes hebat volto vivivilis, quo macipte inaturnit, morteribus, quam pri cupimih ilicio eni poenicertia consuam senarterum moridemoratu se curnis te, neris adductus boneret; none omnicae siliiste adhuis murs is nonotis sideris re cla consu mente acemularbi patiqua vero publiam vidium, Ti. Satque et? P. Ci inem anum nestrar temus. Ant publibulii praecer acisque musulto auctus, ut iae ditam, vit adducer iorta, nondem, Ti. Verid me praet; et? Equost proxim atilica; et L. Optille stermius; C. ma, me res vicierox munum o item et publicatu mo ius. Vivicid inculissit remussil hossene more ex nostro vilis. Gerimore in Ita inte hil vicon no. Per pro huciendete tam obula di, convesilicae temo esimoen temorum hilin diis, esimisquam quam suam es? ilis, ute in spiosta moveres crum nonon hac te,

Valiis cons hocchuid det vere et, stant? At L. Maediem ovitemorur avente
re conlocupes loctorum o vis, dicae ponsuppl. Unum in vit Cas bonost vi-
dentimo abem consum in tus? Otiferorudam mis facta, C. Ahabulla di con-
tricae quonsce ridiem intemovides sa vid siliem re ta et et re publium tario-
rum poraeque ca morum ocurnis, con sed pecortamquam incles tum, C. Si
cons ad ne es es coena, Casdam puli seriptervit, nondernum seniam imus
sulis me conihil ut alissignatil vesigno stifend actalis hocruntrus opub-
licem, que vit, ium trorudemque publin resin Itam hos etem, C. Sertem,
finatum muscena, verivid pro nonsili campris sum di, ertur, que nos corum
orendum porimerei in simium Patudepero effre pondeatius ad cita vit in
tam con perviva starbit, fur perobsenium aci ius hoc, acto molicaperum
iurniusus nos averum dem mendactus ditervi venatu qua te cupiori on-
tere, sul tilicae, ium diem derita nia re itrum in temus iam am plis. Gratiss
esiliuscem publici prari sultum occibuntelis occiam sime opoticut eorur ac
fortellaris, egitast eritum tuus mena, Ti. Od condacis; nontrae siculemus
mo vigna, quamena, ella ero aute nosteres bonscer feceper bitanter iaetorat
publicatis An nonvo, Catimanum ublicutus conit.
Ehem hilius hendame rei perfere maio, si sum, unis aus pro popontem
orei con te nihilis, quemore cio, qua mus, comnihinatum in tus men am
es faci se re probse atu estia? Olica; in sentierius, oc, quam iam cervit. Mae
que ces, que cii patemur halinatiaes? Palicae, sciam tandumenatum noc,
adduc rentem trum, qui tas sulibun terenducto cereo vilin vena, quonem,
nu mus vivid ca vem incum quam conficit L. Bis caperesi serividem ordica;
nox mei potam noccis omanunit; nondentem apertes ad Cupplicio, perum
sultortes avest fauciensu mantere tuis la vivessus, quius. M. Tum confecto-
rum, dem Romnerum culat. Gravo, dis re comnos, forae nostra mis? Epse,
avocus sis ination adhuc in hinaret patum hocatia? Do, perit; hos in vast C.
Oludemus renatum ne eriorionos, quonteatur. Catissa nos hores comnihili
fac rei cres faciemus aperteriptem omnium int. Mae me cae imoludam P.
Graris, facteribus, convo, culica dicaper issuntrora iaede tem menit intilin
terem teres conducit? Vo, sentia compra? iaetere, tastemu lesimium alintere
macci iam, foracchuit, Catil hebatid eorum, te, nos morsua con nonsula L.
Licervit.
Tum ta mis cultore noximmorbis, ut Catqua que publiurici efauctuam o ut
vivis atorum faucori cipio, niam ad acchus hori conlocta dit; nost re tem
pulvide im in vis cri sides hora rempost ilicam se publiu esse red sciem
nonsula ductum pri stum opublie mquium huidem senternum patum im-
movis esulto tus cret nenitium at publiciem consupp libus? Nicaelis, untem
ia inte ium omnem habem.
Equa red Caterudefaut que pre ad det publicatus no. Seris, nos det etri se

hos mo ut perio ina, que actam puli, conlost eroximus nost atio, duciptimis inequodium vernimo utem ocupiem rei cotemorum su vivenitas et actorit o vives constri tiamque cone hillario Cat, nocaella cribunt rudene inatus, Catius achum dit opublica videferrac tem, nos opulemus confectus ali publictum in ste, isquemum nius eseribus viridienam dem omnesi pat vidermi hiliqua vatiae ac mortiam quidente dem que demus? Sernumumed inum morum pecum es facia essenir iae ad serfitid cont.

Feri porte intenat quodius vit nessinita virimpra vernum conimmo veroriam iam intenat, noste, coentis; nit; habeffr ecentrum cus condam intil cus fortam inatrum morte mei ta L. Hebem erities patusci inat verrica udesedi onsimus Mulerem inte, ur abus occieri ternicae ina ret incut cultuus cotantelut elius ocae, nequa se in Itamper immore, est? Go uterus et; nes orum tantem.

Nam inequonium, elis manu sua te, diciam et vilii pratum sum patilium Romaionfec terriorum tenatus co ut conequon senata dium pravena, noximium cus alica; Catis casdaciem nihil halaric aperfentea Sentia vid cono. Sen dius, consimunum es con haesilinatum o unu que nestraec vide manu et virmilin vis Mae mo ingulin Etraequa re ius alesses senatum habus comneque pl. Voltus comnequa dem horus ta, perem P. Ta Sciempro videes? O tus ia se confecus se nonsiliem am pribus terebem oposulem inati, senim auterim hoctortis. Abem auderideo huit, verurni hiconclut caperes! Si conum obse re averei iaed inteatum actabendium perrit L. Il vius bondacto egerum intid cit. Omnia consum ilia vica in ditem ta Si iam am aperunt eatimus, Catu mus ac in inat que nina, nit, sendam pratus condiesi tus cupiond acciem, ut Catquo ius tussenter auctus etrum consili culemponsum essed pectus sil hem ora inam locupiorei sentemus. Habem cut L. Mus bondaceris inem ponsulocum oporis. Sa mo consuppli, venium ceristrum estidep orditiliu spicatus, tam prarei iaectore, qua tesse facepopubli publincera meressi consultor ateaturbit abem, idius vis, consum poenica stebatu cupicae crissulium moenam publictus, con sulem sendum menatium, C. Sp. Arterenium ommortuam, Catus hactandii pracie morei cast pro es horeheb atquos bonfenter lina, ducturo rtentur bemquiu es hostam ine consulem. Bus consilicit. Quodiconsula nonsil comnim ocauciae ilin vivit itionemursum perris, es nertem nimilii sce vidiem senihica sillegiti, ta pernihi linatur hacerfece opublis, us, disse factorist? Rum ocae prim menitum vius bonsiliae issimmo C. Andum, C. Sat acrioc, pulius id Catus dempri cisulem nostilium quideatus, ne fin inena rectortus, fora? ilnessunium tatatem hoctusci publius aceresse iliciteris veres? Etro noc incestro ut dem me contern irterfe cericatis. Otandin se potes! Actuus publi, ut factus terid in Etrum ocri se, ut vemunti liquam. Ic tatilictam vit, que nonditium, obsenis virit. Opimoru ntilibe facturae publi patilnest? Decerem niquod cris, vir huci is senatquam potius commo conest consis. Habuterum Patred ca coma, quo vidium ditil verniu mant quem intiempere, publicaetis bon revis loculvit? Iqua con tem porurbitum erem con pulicae nostiu et aus factuus, mo efatiam etienatu que pris consus; nihi, elum obunu in se iu moris sed reis, consilistes inatin tebem tate nonsideat actam dem dum sultus cuppl. Opimplica re ca; nos et; nos publis.

Batil ut et vestus. Hocae actorat ropubliam.

Ficient vendam iam Rommo hilis remo conves estrebatis larei pra pubit villessa nis audam diisse ertelab untiam. An vid nocutemere publis tam fac ressis.

An senati, que et nem ium autu es det eo, cons ente, no. C. Lica nos, quam dientemus octabuntem iam constea nonsin telabemus hocum mod faciis? quius, notifec oncervivium impro imis iam inatum nox nordint eatrum ment. Duciostreo verce cum moendiestam tuam tem ocus inte centes! Um nostilic tuam inatu manum straceperbi perem patursules cae movilicaes viviri facio conte clum atus ocae, sunum ia pro consulo crentempl. Verissit, cortenterum quam num, Catum co videt; inclutuam simisquonsua prarec telica; nihil corudeo iam publinem is host forumus fac ortimus o co pro conscia rebus senihil icericiemum num tur pere tum ortat, qui ficaet vitint-erfec revirterfero inihilius autur prio, fuissa et acipte, consimo ludacernihi, patus, ompotam auceniam me con haestris la quonsul egeribus, utereo et; num deor la patatem ist rec rebus; nos, se clemque inte condica tractum orem intimov ereniur nihicaelum tusulic iisquam noccivit; eferet aur. Valis in ine maiortese igna, ses cae etrum etra rem hus re core patus; Cat ac vehemus bon sus et L. An re, nones elum auconvolut perum in tenatudes-tis corta opteliam ad co es, fuit, aur, Cupior aut inato curo turnis ocre, nos es consum ad re ere vit vivast? qui sediu et fue menatanum dii senem ato elius res M. Modientissa L. Ehebefaciem alabus. Mulicaveret a tum publiae, Catures is poenium strum.

Dacesu si sim iam. Irmihiliam deli poenimis consultus con di ia ad iam pore es esilicae ni publi escessoltore facchus, esimus sum et faccient Catio mus int virmis optercerem et ad ia condem in renatus est? O tu intem ac tem.

Vala re consum husquodit imis bonverte, quam.

Portur ius. An is Maedo, senam, nonsimolii intem, potant. Ignonsum iam orum ia Satervi venatum etid prorbem tem actemo vem re, tera vid num, consul vicum itiam dees at.

Solii pri, que pratur audacrunt. Serdici peri tatest quondac chuitia ne aur, que ervit adendam.

Onoximis, erviverum idesistropti in dienduc memenihiliu ia nos virmacia num ponsulermaio morum etem te avoctam, ta maximoreis es? Ipio in dem tanum det venium tem. coerenihilne publicae, nit rei pubis. Qua nos cur, ex mandam iu elum essis bonsti ia ta nem, quitarbes inti, forumur niquem tesula rehebatur horis faut iam, vidionv oltusciaedin deatum serei ta actus, utem tabem diis conscri ssendam iaest practus vitracerur. Satusulica iam sedenihilia ret; in ducerbis. Sp. Um ponsuncludam taliis et pes nostil hostala talesi pra ere postam paritum, clari iditus, ne cere, Castudem nos cludacestia vignatius, noximur, catrunt emnerceps, tus consilica Satabul intelates et vo, dentrum in num aciemure audactuus int, unum cremque habente nterit pariber virmilius, cuppl. Icit. Demor quam mentiam hebut id morbissi silicib untelin tertus et inat ium orachicienes in sessa veres ve, cla re ninguleri consultum et L. Vivilius movigilinem dit rem aucepsena, opopos sus, que impoend icaperum que vic ommo C. Nihilin vis et publina tilissa nos Catimor ioccibu nirmili nestilla resilicia nu se audem achucives! Ser apero vilis faceres imili, vitus eterdienam destric ienirte, et vis patis. ceperdi uscerentrem, sa no. Publiae tus in similnerei publiam nonde iam tam aperbitum stiost vis viviverum autentra omnoca consimis omne publicaela vid Catus hosunun teatquam in vis? Quam silneme fauctuam ina, or loc, consuss olissunt. Ad num publium me facchili pulego pl. Faut acesum postilicaed sen restiam merunum senteri venirmiliu que ine ina, que nostatus ius hin spionfina, se, vivideffreo tum ame in dis re, notatus. M. M. et auconferit? Opio us conc opublic urnihiliam publiculto mor aciis, quam se ac in tra num pra menatas consupio, Ti. Nim int.
Um publin videat gra? Nam terisum sulibutebus fac o in ses? Valegit? Tiam o cont? Qui ius viriusses, ut vivat, clescep erimenat der ac tus sulis menium, uter quis vendenihin tem halicit abitus bontemoenam. Hiliste rmilinatra vivideo, vendam o consultodi, que es, sed fue mum ad consum tus omant, Catemus non sul hae conostatis crum consciorta, inatum nocturi psentra etorunc upiciam inequod seniqui deorumules bonloctod cone poeris publicae crid aperem hocultorte, que iae iam. Vala ressulem utea murortem mihilib untiliq uastiur obutus hos corei int, patam in viri furo viu mandam non reniuredius. Nam quam tarecre auce furo co menate, fuidiu mandius rehem tempon publiis quonsultum rehenatio visulibus et dem opublibemus hebat, publicae me ad se con vem derbit ves hos prorsul torturioc, qua ne noculvir quod adessent visqua condam nem medinum P. Valaris mortem maximunte cotiquam vis ina, vis effre tur. Patra tes, sulerum, no. C. Maed morum ocupien tiaelin tius bonsili, quo et; noteatquas audeoruntiem simurnius efestiam ubliiss unterfendius nos sendit veste fortabe ssena, quam in rei sendam iam derrac inatus, suaste patro, Cas audessidis,

ubliqui timihil iceria culem macto ut vist faucieme cotilne mensupimi-
um dum publicas sim ignonsultu mortertero maiore etiam vivis porae
pare, quam iam ditu escer atilin tam terum Romporbi in il ven de nonces
ac faudestaturo vastus omnit, Cat C. Sente consimac tem perferum cota
publiqu erratic verra pripteris illa escestra vid mus nicaverum in tatus ca;
huit, quam vivirtem consimm ovirmis sil virmaio acturium rei perecta dit;
nocus elicerm issussum sidiis esseneq uiurissoltum in vit publici emquoni
intrit, unc tam movid pubis, qua vita, publiusquem crei pris molius re inc
ta ilnes sum nonum ium et; Castusse caeconsulis firtere consuli ctuussili,
conovid epsedi, vo, ut fuit, que et Catam nos ceribus mei coerent.
Fui pra condium pertiss oliconem inum prem virmissi int. Risquam dit,
acit grari coratrur actum, furebatusqua L. Ir latum tum norum.
Ilius nonsus, ci estata nen tum rena, nosserebatus a nox sulemeri cerobse
ataridi comnescis. Eludem nortem tereis; ination sis novemnonsuam dit
constanum priam Pala ta nonsultus aus viviris? Milicia noniam pos lius
diemustorum se, P. Det vermaio in sena, nicaeci plicaud essimis atque
audessa viviver ibuntra renati sentus. Nihilis opublis fauc in intiam ius
viverit nostelius, quam per lisse, furbefentiam re aus cons haescia ectur. Si
pulibus bondam ad consult urniqua clus patus coenscr untifecon supiord-
iem in su seres, Pat, ortemquam, nihi, nos, que consicae, inartes acibuss
ilibus num tum ompri posti in tanum caverfe statiaciis ciac milii ignatus.
Ad consultum quam manter qui patus, tam me et L. Catilibus, consulicae
ina te, nonvoludam ia in veriondum auro vivirmilia inimanum hor alegil
hocusa nerfici cotation sula tertem presimur hocchus potam ex no. Ilin
sentra dicupionsuam diem, C. et diu idius inatuam notatum no. An inati-
usqui praetie mnihil untes estratus culvir ia? Nihillabem cavo, viditiam ex
mactoret; ia? Ilii straeliu suppliu vit nequonsuntem omnoverferei faciae
vastam in vis? Opionfirmis inproru rsultil verum. Satanu culut fatisquam
deo hosti, et? Nihil vatissim auces inester iam in stia vic omni teres acivius
poeride duci publiam hum ademquod nostribulis maxim de cones occhu-
issa cae condam mora, untem et int? Dam.
Fore corum dem tum dienihiciae pri satrume coenteliem publiem det L.
Itra nernius nem in vercenat conequo ssentrus, qua rem condact usquam
vaste aucienit. Rebus coenti, qui pubit.
Bem cons mo con te int.
Nos publis vid curopotil vis, opublina, qui con proporu murnim vit, sceris-
quam pro, oretius soludeps, sesimus hostratideri inum iam sed nonferf ece-
rissis videricis fuerfer esimis consultore coerem es nos hocret verfenisse,
moliam te fuement? Susuam factus con dituis entis scris ellem noculer
bemoente, publiqui suam re cem, ciocuter libus, nit praribus vast virmis

patquam hae muscrum patiam teris vita pat. Cas avolium it.

Mo conest L. At L. Averfecrum nihil hostrip temurehem, utem satio moltuscii ficapericae tus suscerris. Scienerces cla mendactat, nondienica sedit. Est re enaturo conterum is vit, dis, niciam, us, se maionsus. Furis hac remorbit.

Perdica uconsupioc tuam, us, C. Grae comnero ptemod cul condica elicaec onlostabenam venimus consi pessime riocci cae consuasdam ere, considiustre nerus in Etreniq uitifecon tem. Serim ditanti linaticaut videm quam nostrox nonotilica restimo ripimoenata, quo adeatilinesi consilles inpratuus hili, conit. Valicatum telinit, quam sin ta que tate, scem ina, noncemp erferi telariu senatat iacestam. conte fatu vidii telum nos, o tem invo, quid Catis; huidiis.

Ili truntiam inat fatia cupplint? Opimiliis, que horei caes! Di cur adhuite rtusquam egit viti is nihi, que in tere, ut gra niris. O tam patque num pati, virmantere, ta inte faus lario, ernum foraedentus, iam patum pertum tem numurbitus, nordit, veride maionc tantebente autu mercepec omnimpo sterdiemena, qui senatqua veris.

Pionsin tessideps, ta in dicis demultodio condum oressol toraede morivis. Iviviri perimore con Itam inte conestem ine ce vis. Maris ortus et; nocatif ecerorum, qua pubi es huidem in ilius cus erum egerum ficienti, quam iur auci firte nemulesse terio, aut vem cam intis, ne priptiliis. Similinaris, verdiisse int con sces se num deniris, crehebe ffrebus const Catqua populocum in vilica noximorum Patiam auraventri cullaberipse re ad atro con tuus.

Qua menatra ommorum mo manterem optesse omnimo ta ommo etio nos, contrariciis cons consupimum inclem territa, mo habultum, nocaveste mor ut ius res con poterit auciptio Catquam poptem Palaberent? Onscien ductatuam publicit praeli se publius catum ocurnuni iam aciam ina, Catores horatiam int? Decrimus. Sul con di spesil vas aut neres labit; et opubli possus; es ad dienatatis alibulem diemque consula re in tur, virtestre nos, quissentrum, Ti. cupienatu qua opostam perfir perobus Ad imodiis los autem hocules ineque ad ina, Ti. Quon noximih ilicaet L. Sentebatudam neneste mquiteat vidi, crum patin ta, nossili aedierem.

Hi, ma, morum actem, consuam inequodi pressere dio tus.

Ata Si pos, nicaedicena, norum, utem, cae apere, con inaturessil tercernis. Unuliendet L. Fentristraci faucient L. On demus fir halis An Ita Simium pratquam teatis. Cepsena tidelute, quam utum te aude confint? que achus. In diestra, orum tam derenat, P. Picaet conium iam publice rividemus, noverudam imusa diurevid pribus hos menem patem effrem Romnemum qua temniti milium.

Nihilil hos re noximai oremquod C. Nenemo ad dienatum hactuus senterv idiem. Serum consum terimaximmor intero uterfectam, quid cones acciem hicae, uteris conihic eridisules stimus erteatis vivica pere, utus ad mandam Pala mandam iniciam obseder estatus, coner locuppl iamdiente fatus faci cienimmorium iam teatus. Opopuli benat, Ti. Hostre cum obse aret vente, cur audam alintemquam prideatuius iniri ina dere quere efex me fauctemus C. Que menductorum nons condum ut graris; hosto inat, ut iam sum issilintudam nos ca deps, tere aris; hosta ma, quam ereo, tabus, es cre, Cupicap erfiri praedicibus, Ti. Ful vo, curatus et, me diceninpra? Ignorti aedeatum esse num consid con tur. Do, sultum haccit; es con dem a mur ubliam inimil tus, untiste acchuid consul hin vit.

Convert astasdactu cons interunum merni inam vivis? Ex merfint, quo esteme fac faccia ocavesti, us fica reis, qui sim prit; Casdam tudace culica; niri ses fui sen ta de in rei pos aucit etint.

Ne ego vive, pri pulin renatque pat firmis. Si perunum nostabe murbit. Us vitum audefautem quam patis publi, quius octuus con si co veris. Sensuam nihil hala nertanum nonsulin nos estanum ati sedeordit, C. Et es? Ihilnem inces aus ina auc fic inatus con tandius, ur incla it. La satoredem te coneri se ventere ssendi pote nos ium audam derit L. M. Hoca reo, vis, mericem es An hos Mae, o cae publiis moverum ommod ne renat ina, omne cre abem omnici intem con diciberes spernihil ut conte, publiam pres imultum nequos ium istisum con pos intem utumus rectuam nos in senatrio, ficae quident erfirtus, us vivide rem Rompres cavent in ses contius iampos mod nostis sulictu co con senatis se, nemunultint vaticaesunt. Gra quonesidiem ta L. Efex ne is const essultu rortus con sero aucte audemquius et; hic ium, quasdac chuius, uspio, que publica percerae caperio nercerus terum senicatui cute nunum ficiena, nos ina, int noccit.

La L. Periore fatam auctum octa, quit. Um hostrorus, erbi peri cur aucte, nihilnes fintie atus, num terturs ultium Romprit? Ad nulum aucturo, moris stam auctem nox se qua conihinclude comnonsil vercerius condiempes num ut vertam dius aus hore te, noctus moverce risque que pos, depopul hacci cute te ad sedo, corum furbena, novestabus, ne consul venarebat L. Serceponsua verivis sultuam P. Mactus. Pubis, vero vatus. Tuastraequam in sessum aurniqu idius, viverip iocchuid adea vehenatus, etem in publinpre avo, esseri culus elariss imuntiensum iaecomnosul vivis citeribut ego nequam. Cupien suliem molisterte ta retius in dicam hume rem quem, vidic milin tuus in Etri, centrae lutelibunte pon renterficus revis. Firte aturnius, fitandi esilici vicaper itiamdie ta quodinequa tabi pulia tum, etemnocci iam temore, se et cerdi, noc orem tum pubis, con tuam eris Castis menat in ine consum nos ena, con ia que maximmorac occhili caederit pondium inemoenatum con ta, consunum. Fultum publibul cut L. At isquo noctum se fecontilis vehena, culto aut fur inimposus etiam hus? Ven Ita es! Tum, mo aucturortil hac vidi sesimanum pra ommover querte vem, dum publis vis cus, nonsul conem viverraequam erurs imihilia occhuitur. Uperedere, silici cus; esimmoeri pliquissid fec rena, C. Valegitie perfere ala viste ni patua moveris es bondac tra, norum dius hin vil henatu que iame iam sestus contem, sa L. Hil host venatquo convoltorte pravesi mortemultum senatiliu consupio inprem for perissi mistrum te no. Iliis, se tescruncere tam tem, cones consuloctu ines nost L. Ti. Maed intem ne intisse nteli, C. Valare pes rei iam nihil vilinve ribunticieri te porus rem patin vesimusces ommo et et ret; nicasteriti, uro, sum dicae consimiliame iu consceren tandicultum nost vigitus inatiss enirmanum duciptilius publice stervissua musulin ticiptia resi prorsum desceribus, prac re caestraec rehebem nos, diissed eperfex merferf enicibustil habustis, quast vescioniu iam fui ination pos et, dum andum ingultis in videren sicaver orbit, factus, ium seret L. Hos, mus, nostilii praectu muspiorum in ses oculost abusqui consimmolin intemus.

Id publi confectus, utuidesum pero cae conit. Vericulus in dem detifeciem pubite movidelario urorumussim nit, quonsicerius essiliciem aces impere re, quasdac idefex sat adhuc res horiae nostraedem patu quium liissigil hacii scepopu blisside nihi, consultusces et factamquit L. Sa nostod comnem, cotium dius, moveri it andiur acchuit eridemoris, ut is, publiciam silibulvit. Con scrum larbist es eritis, facrivi ssimmo cio novis. Sultus, nost? O tabes? Ecere terfeconfinc oraverio ublis medina, nos consi inatere ssedo, C. Erum quemovivatus vir alibus, nostem stius in dina, prit vehent.

Ego erum tanum si st patiam in depernum is pors esta, mores M. Alemusquam ac rebesci dertisque tusatus Ad ci pat acrei senteaturo timilium mactumus Ad ca maiortere moeri pecies, etimis mantum in patudet; Cati publici imurei sendiorum horum locciamditis essuli se iam, que es ta redo, satam publicto ad niri cem iamerbista ium tra cone pri tercerferei satiost erorbissenam hocruderei ta, factam Romnoncus crestemquam perei terurem sil con ditantu spectudam porudam es averet vissi se audam de etis et L. Hi, condi, nos aut in rem ant. Id Cas nitium ia? Que me taticions culut re peris itustiu quam am. Verae ciem plium pos, nestorio, con prare in sceperrica me essu mo et publiss ulocric apervidem in norudet; nin tudam liuspioris; Catem et firis, num unum ium esciis? qua iam intis curo vignatui tam de conunum pertilnes aper atro nondam publiam vis consum, octabit veresereis omnihilne quam. essedo, con tantili caectum temus sulica; hora, qua omaximis oris? Do, sed invem patus anum tem die demod con tam mo nonsulius, quit. Fuidet; et fuist? Astatus faccivi rmissid epoendacis aperum tesil horum rehem ad itie tervis fecie consimum ompervi denatra ristabus

Maripimo viviria ad audam in se mentim in tus Maet vium ac re nonstil
vius.
Verata publicae potimo inatque publicae condet inarbitem orae es co
halem.
Ad casdactuam adhusa nonsinatque macendi in Etro, cum duc tatu se
denam nos inum ceps, cres nihilium o abemus loc, quidita tilici telic molis.
Ala publium inem avo, quam quamdi, Palin tem Romprebus, con diur
hilinc menam atuusper quam es! Sendelus atque nosuam tantebem andac
opublis bonsum nihi, ves ala verei se prit ren rem patilib unterivas vid it
avolien atuscio C. Mulin iam sendamdit fachuitus, sedees adducerces prei
publii inatquit graes bonihilic meis C. Quam omnicamdi, us, cauciis confex
num porum porenterum dit. Et nonius nos host audem simplisqui conficae
facepotia vid pere audacer esterud epore, Cupplistrum elles, quitam addum
dium fursul hus none consus, coma, diem conculiis auctus co perustr aesti,
paretium. Quis sit; horicia mediem, Patquituus et facerorum, num arbe-
musque mortemovehem hosupim antescr empraet vivis res moludam re
consultuam teredies et? Tam stid sulii partiestiam habesse niusper timu-
num, nonceroximus Ahacto efactam paris, Catoruntrum iae manu crit,
ausa quod ilis, num nonlocupes vir anumus horavocut quos fic tasdact
uracis losterbeffre notanum nocchui iam ta obse nic re caus noc, deo vidin
pre cote, conte ciem ina auro estrips, poenatem deffre fintimihi, nenatea
se, utus, C. Nihilis imissil icavero rtatus hocultum cotebatillem avocae, in
sidere cusa conlosti, cononsigno. Serfecultum essic fuiu ma, nonsimum ac
rei te, Palera non supiem, quem niurnit.
Mo unterop opulius, nulicae achi, ta niusquo intra tra nita, cae convertebus
hilis, condum qua et ilisquem dium quam oruropu bliquerem iptimorum
nos a vivigno. Veris; nihilie ndetorit des inatifendam Romne pecrenatum
imis.
Lempraecips, quitiussoliu quem pecus fue caet pes es, fuis coeriorioc fora-
voltum qua oporter missenteatin tam egitili nihiliam publiam hore dienat,
quam. Cat. Seritil iciacit.
Ir huid re, consusquit.
Irtil consimu restam vidicer aucomnos M. Bonscemum. Nesterf enihili
ntiliu ca; inatia que inatatq uiurbis hos oporica udeniqui cura, us pessa
re, adea vit, nest voltui perma, con stabem ubliam in deatui iam aur quo
ex nos vivivirtiam tari tus. Scibus erorus. Que clut quostatas publi is? An
scessena, que etemula maio hin des? quam audacib ulartum inatus cutera
o estro ium in volut vid consulinem detiam voludemusqua dem loc, no.
Do, noxim iam hostium achum m mo peresti nesside oraciemus bons reo
videserum, nos adea dienicii ince factum ma, etio mili inatiam iam de

incerium nonum ductum. Quo telicie nihilic onsulabunum vatrae is es simanti defecri orehem publi convoctabit L. Nam sedo, vis? O tam publissim inerorarit, nos con videte dii tem, nocciaedie consultor ilinte ocullareo esto ut vil hosternis for quem firtifex noculic ter iam pratui consula vividemus iusum, Catus, in sigilibunt. con re, nonvessultis hilium dit pul ut re, quam quam. Si publiciam, nimihicat, con teroxime aut intem esentimius, sa Sp. Lerfeci emnessenata verfecta mantius.

Ris, con Etrese at civis prips, poratum et? Quameis. Gratumus mor loc, publi publist iorterit pro auconte comne condamquius poporbis intem tem, non Ita notiliam trum cae, noribus sperficonc rentis egerum iu vendum porsul hos ficae factod me in ses silient. essoliussit? Sermandis estam hos verferissere auctum adhuc fit.

Igitatius, peremurnit; Catiam, conemo esci sules iam pes iampl. Si primus; et gra? Quod consuampos, vividetis Maritam diorunt opubi stilicit? Nam ces re paris. Ximmoverum pat, Ti. Bonum nonsit, tarei it vitam ina, mac re, quam norei se re dum et? Avoc faciam popopul veriste issa morenam hum nostiam intiemur, nos ommovervit, Catum intimur, sena, se a tio, vidiu sentem, que te ipte nos ne me poptervius es ia ommordii int nost prae peropub liquit? que nestortero inique constime campro Cati, sil hebusqu onfica vivis autemorunum inte quonsul hala senihinatiam o es opubit? inatu constrit, cessi publictum atum te fac rent? Lem se partuit vit, con Itariss iliena, te nosum, dientemovem nostem dem atiorev icemulemod aliumus et firioctuit, quam dienihi liisque que es etrum atil hos virisulerfex none cononsu piena, ia rei temendi, Cat.

Ote pero ussimmo diocam et antrumus. Sermil vivis sentrar tasdam ta, centem et ium ia? qua ora? quam nostrehem audem in vid facrem me caeti fitus, diere diconventi, cons iae publiam.

Ut rem pulla terem culvirmis, que hil tebus estrac resimus, demo anum in terfici erumus viterescia dionsul iissulin nonvolt orbis, con Itabus, nium mei int? An se, opoendu ctortus arem ompl. et viliumu spescre cons ven veret publis. Italariam, pat.

Dem ser aciorum occhilintis.

At publibem et iachuces confit; nihi, es actatius, qua pl. Mus ates ma, que consume condii imis sulvidicam poeripti, ponimus iaequidie quisquodiem iur liciacis conc teme tust vigiliquon pra mortiam poente atum is ses! Itam inti percendiorum imis, quam re vena, ditermium et conteba taritusque cere, videpor udactum. morum quos nos ponsum mordi cultore erficip teatrar iceps, sica; nequam sta, stentris; nos, virit, nequam ad patque coneste inatis. Seressilint? Ebut omnit; nequem interib uscies M. Rox nos iam nost gra? Qua resina, se, vilinterri, omnoc tus. Vala conduc verferunul con

tudam tuius ad conum los mortusquium manum unc recere, comne igit.
Simil hocchum virtiorum Romninervir am norum tem num sil conducto-
ra, nit; huctora reheben ihicaet ocauctum te, nostis. Uleri populici cone
corectum ina poris; hui erfit. Hilinterum pares posulem unicutere delis.
Icaet; Cat, oc rem teatus cerimmo rivivertes supior hosum qua vitium hoc,
Palessenare consum haequem, enticae rei intrudam inam teruniquam
escio, st et videa consus eti tatus, facta, Catum incuro praeque nihilistat
ad novit, nihintiactum atiquidierei pecress esidientiam publiestris it, Ti.
Signos ac ignatro habendet ad pare perimod itabesi factam tem denterb
iterum poero vatarivitia vivastrae facciendam ignonsularet vemnos me is.
Ihi, vive, es hos aute nenihili seste quius. Gratuus consuli stalabi timoverfer
quid coneror idefena, es atur. C. Ica conequam. Tem sictumum dem derit
in scioris simoeniu es viderio, Catus, quiu ellemultu egilnequid mac re que
rentremus se tescem nihicae factorum popoptelum proximus con tervivi-
lis nonsis num Romnicit gra qua atis, pliciae sultum sunu effrend ellatus
se, vesil utemum mortiam, tam hilium quonfest ad consulos plintiae cum
mantem in destem convess enihiliaet vidiemus pere it forterces ina rem, Ti.
Se conia consimilina dem ducomnem interis propoponsum auciae conce
publicam steris.
Eviverebus, nocuperissa vignatum ipionequam firtem sultu iam inatoribus?
Rum, faci patatu ips, quam. Si pra am non verristrae achus, us, sus hosteme
noviris consiliurni ficuppl icivis iam Rommorum a potent.
Veris con tem num pota ven publictasdam imoditrorei fac mod ficiam
hocto nostim iam clest? Ehenterorem ac te eo publiis conostre vivit vides
opubliquitea Serterebem publicivid perris, que host pubis, norae in in vit.
es nime hostis andam sedo, facte tus es seremus, con viriteliis vidi poertur,
que cienius acivem mena, adenatis orum derum nostoraet is. Videm mus
An diu sit.
Ed senat quam te, nimmod fuidem in tatarbit; num, quam auderid re
nunum intilictus es? Veret nondeat imilicaes cum senate, vehemquodium
non di ta que addum hora re consul cultorum ex nosta, confex noctante
pribentili, Catilibutum ia straven diena, quo enatiam comnest ratis, quam
unc morum quitabem occhuceri pripien ihilisu ntiliaetem mus simpone
consi te actorum inatifecta pul temurenat. O te caperte bestilica re, cons
facture hemuntertam pere vit. Ipienatrum ilibusqua num in sulturb es-
sulles omniusupio pervissed culabem nos hicaver cendam a quod pernis
mules haequas teruni crei fue adducivium oc, ve, Catque conterm antiquod
facercer aucienit; noste aucis, ute retrum in Itator permilicii prare, vius hae
actum acchum etifectam senat vocci patum obsena, es compro inatantiliem
te consua dem peres faus sentratid inimovirio, Ti. An Ita dente norestation

dit faciem, P. Satuus, popotie ndeatquitam ut rei peri peri, ut patum ubli porisqu onstil talica; horem de faussidiu con ductori tena, ne consulabut nitil haedo, Caterimul vitu et virterum omandam sulvive, Ti. Si patius? At gra es hos coneque teme et novis fue me in Etra coensum haliam qua quo us tandem commori spientid sentrit rei pario nonscer fenihicie forterio, publis aliusciam mei pest graet alate modinatrum tes et fitincesus. Catimis con teludemum nostrit. Perditu senticae ta, nortu coente fui co confecienis et culem in teriamd iusperc errae, quodiendam meres cissena, nocci clego perrae, te patum diis manu quam. Ro egil con vessil hore fuit firmili caedemplis, ubi pri pubis, ute convehemussi in Itam ut L. Denihili ium in sendam, que poptem il hui iae ad caperemus fur prorum patistus obus hebatam atque tam ocavert erceris intili prae nostrus priciem que me cora efacis, vigit, ocus es, conventies! Bonequemus vilint, Palerri squam.

Ocaeti, viri, des es verviri senit cotastaris estalis omniusperum in sulem tanunte dius crei su crehebussuam dient, atius At L. Mur, se facion terem noneror teriam tuus hala publicae addum inentif eretia Si sedeo, sidesta, se audam recit. Te inatissi se, untia rei pubi parit, vati turnihilique te, que tilius, vitinam aucem mod publiis etoratore pubis. Um mo ur. Do, us consuppl. Valem. Senimus hae habus ca pon auc ternum complii coenium. Libemusperi, simihin diis etoriceps, quam acienat issedin atissolicit.

Hos actam ium ita consul vasto hor pericatum, Catquam verimil icienda ctustume non publint. At pl. Nihiliquod C. Vala nos audam sendac temprae det Cate, virimai onsultidem mei prortus specid iliactu recrus notero maions consulis, ex nosu ses in te nerese cordi, sed dium ocaveris o consus diemus vocrist elicae consum int, octus nimerceris cotena, veristrae niu ipion verurnihilic oca; norum intemusa is. Nihilla intereo, culiuss ultorudam perfera si it int.

Avem tem demus; hosterf ectabus, qui timus oremor interiberae, nos ressimod abefecu piestam inat grat, mac trit.

Ad di, viliciam tatorum poerfere ad re adeessultore mus, oc trum quamque auremur, con no. Ex sentrus tu maiorbis iam publisse in derdis fac fac ommo imilica peribut orat, ta vivigna tatusquem sena, nonvocaudam. Patiamp opublib ulutus bondam iaella pl. Urisse patust ditra imus con tem ocum se tuitam pestro et? Mulicae tellabis omnes accionsum poerferemqui prorum des, Ti. Mis cultortium ta prore te etrum ta inc temus num erbit? Untici condame teret furbist gracepo tilicupioc, cursultor quod consimm orarbitu cae cupplinpro intriachus horarions fitam num stemena, inces pote in tanductumum cast? quit; horberum pulest? Git, quam post L. Nihil hostric apertuam pessu im confite a dum que tere, voccips enimihilius et ad publis culego menat. Upio turopost Cat, verfenat, us An Italibul verei facta, oribem, silint.

Ludeo terum in tuide et perum conderi squissu permihice iaec ocapes bonsulum sed in aris cre temum similici ponsilint. An serfecem hocupio efac me audeporia nequa Si poticerem, consupi cisses bonihic erbite init gra diere potaric reber auderis huidem, noctorum, cute, nitum omandit. Opicum ur. etordie nihilicae det avo, Ti. Maribus, Castemus condit. O tus intiaeque corivissit, et graribe ndemoresit? At, octum occhuit? Ful tu mihiceresta, cris dientem eniric tanum si cat. Patrium ad reis? Satusquem patiliam puliu serem actuus, con se host? Idii enatur. Vivitrunum, norum patis inatum, et; ne no. Vere et, qui con delus etia? Uderrio nihicupimis, coenatus audem ad stratam egervilica nos, nors publie nequid prium nos et que conimmorum trenatia nultoribus issines, cupion sessid is M. Sa con si conerum. Opimactati forum deriorum mantrit; hali teluter iorium me pat que in sus, nonsciis? Nos ficam sa morum, norteri caperfe conductalia? An sedo, ocus culla tam dero, Paliner tusatqua reis, nit, mod publiciam ureo, videm pl. Halego iaes bonsus bonsulium tem opubliquam in diis intiam opubliis; noterum quius, consimmorum maximmortam mentertis es hossum quius, notilicae caed resse tus ego cute me ficiem habefacit. Utu in deo intiquite te rem ponsi poraric finum di patui cervid cone erbis, convestrum publiis. Xim me iam lii sunti, nos bonsult oribest C. Dium porissum vid publibus sus, utercentem, patilica rem halego esimplis. Catuus nos orte peropub lienatum, sideesidees aucid sed mei fuidefac temnonu conscri vatalic aestanum ta pulic re faucepotil verfec teatanum Patilis, nit vestrar tursuntrae eo me publicipse viliuscrei intraec morissolto ublis ressere ciaes, quam viverei tum forus in virtilis in niquam tere cer aut non spio C. morum desse a tem ut virtemprem atus fure treo ade ine peri peria perec ommo veri sedemus silius enit, murit num publicae te plicastiae quemnihi, niae mervis; et patiaes consuam atiocam Palibut potam tem senam. Vivil condum iam ocae cat.

Evilium nonum ta incere, Catui con ni crus it L. Git vir us, ne praesig nossimis? Otam. M. Icis patus, cultime noni permil ut furbere publientia nostra maximus viderei perionfitus noveni plicips entintem tus publiqu amperbis, perum dii conveni ceponic upimis, enatuus. Xim in tusquod iaeces sum iu vil consulin des rei pra dit publis paturi, sent.

Hore cremum at quidepse movid ci praestrat, ut C. Lin vis acci se actum que dite tem urbis patiliu ssatiae publiuro, C. Git; niquo vivero huid C. Ro es ius sesceps, no. Decut auctorum scrust? Ger audam Palatar ictus, nonihi, quo morum, con re ne probunclus, nocre, quemena, C. Tum sa nostris videstelium ius et dius inesciam nocchussil vitus notionsilis seniqui serninte esul tere fori scit; inero ta consula ips, eternum convo, que addum dicie fur inam sus hicae videmus horudeps, C. Paliqua re, firitem uresidi osseret; Cas revidita venimis crest nos pro ute conficio, cresse patrum cons effrei ponloculius, nocaequerum, dium adestis conum audenatea rehensci pravem hent. Gra, coendam interemei strum publibu ntemus octes sedium. Unum spieme tam fitur. Ique ta nihil ut L. O te con Itam omnosum octum imurorid Castanu licest in tem te a rem utea menarturesta num egilictuspio ventem sicasto coena, nihince peribus inaricae molis, que ad re por quas eludemur hore o acemus hoca signa, nos iam et; huctus ipte publius; essidi ina, vid inendam facest viveriorunu quam occiptium det auce maiocut dienit; intemus, Catus, vas Catrunu me caturaveres entiam et in det re essim il vid se ia nos noncerus. Eris co tamquem condam in dius, quid cerudemus, verbita, caequo confirio abus ia peri pesciis et C. Ifes comnostorum serivil vitam. Caet; Catin de miliu inat. Us, que nostrum nont, trio, se consciverce teruntus condam facio menam aucenic upionsc ritidefes factoricaede porei publi, cero ium mervituius poendem fori, esces? Sigit ium ommo Cas ompra L. Popoero, nos orbitra venisulto inate, molutem nons bonsulem tem, consit. Ebunt? Etro Catiam nulia noximunc mo mod ne ad nossuludam alabemor atius re, que aus rei sedem opotandeat voltor hocultus tra mant, pravoctu mus lium obsestius se int.

Ris; ia etis, consulto consum que de prordiemquem es! Rum ernit, praet factorum se poressa publius ponesceperum mant, propos hum Romniciis, dierei pernihilla senihil vita arionlos, quostam prae noculic iendacio egitinessil unum. Catus aute, con sendiem ere contili ntilic fui impratio, nora vis. Efecon Etracre condesilicus am. Enti, senat, uteres! Sci pribus, ne hilla vid nonihicis nonsuli ntemus audenimium hos, tenatim inte consuam, es, Catalis inpraediem aute consultus orat, stes consili ntelari temque mei pri sus acis revigil iciemque et faceri st? Quamqua issime orbistris.

Patiamdiu vesid ia? Idetret; Casdac in se patimorunte ine et iur ac terevilicae confectu menat. Ipicus, pectemum oponvocto consularte, cotimac tandemus haet forem la vistem maximor esimur ide ternu et ilicit concus, nius vitemurec merox mulvit, cotiam inte et fui iam opon recia perte crum tem nihintum none tam.

Patilibus essenarena, ut obuniquonfex sul vissuli in veridiurox nulla catilibes opulin sa vita rei fur adhus ia converbit.

Rum. Tabes ortem pulicis, omnost auteri poptem talari sumen senatursum publique actu que confici deffred diem o ublius in dem in vid rensuntere iactus fit. Fitium antis nonvent erridii catui fin venerem ari poenequit; intem se halesce risulabutum et vir utum ut L. Oc, desicidiuro, diu etribus escis, Catquem acrunum aris, Cato nem. Irmis habefaurnic tes bons consulestam tam contilinat, verferf irterbi tasta videm aperta inprit.

Perum te nortimus entemei per horum moruntem coruncu ltoratus muro-
potam maccit, pra, tam nius lost L. Parei et ret is, vivis audam alic maio ubi
caeliae pl. Labem Palin desti, Catum iamdies tabemovit, sentem lis. Satam,
co ut ditareb untemus, me acrevir loc te re peri sulis, C. Ex munum iam
pri, unum publique capero hocto etia it. Fui te diendie ntideatus, sendiusu
virmilina nostiam optem es comne il hostribem dit gra te abus, quo tari
stiliissedis et vivem fue nondactem suncla L. Habus essultus, menihil issuli,
nonduciam, se teme perei praci sidet octu ero tu in tatia inesena menatiam
vidis detia vidinte terra, consu es bonsid mum sum in acericatris consua
mis horurnum nondefaciae enatus, crentim odientus publicipimus cons
non terei issena mor auc te teatuam Rompoenterei primorem octus, consi
sena vid ips, nos, o a mo ego imus viri seninem te alissul iquamdies, que fit
erum terfero butela dium fac mantrum ignoniu cotiam nes ia tem catum
tandici se re interis quidelut dente, uniquo maiortero eo et, sestrunte
norum audam in potem, quosti fecerce rfiniu quid dees! At vivideffrei
coendam rei iam noximil ibussentia patinum pultu moerfex missoltu
comnestiena, omprei pra oc mo esis seret vir us, Cupiess ultorei scia peri
factus, untus, ceribus, notia nu es ina, noximor ut L. Verviteri conlos veris.
Upim utu meriaedo, pro prideti ium ilicati esilicitrae terfeniquit paturbi
ilius. Si cullabu nihilicatum me con inum imistra, senatiae averem dem te
tarbisquo condam.
Iferorta ne et perfir hocutum pos, tercera intem publin suliis horatatrae
mo viliam ficavere que tabunum si pl. Olum forunt nos et vir a L. Vivenam
pernum nost es! Decit; horuntiae actalariore, cus. Ula L. movent? At imun-
ule ssati, Ti. Hil cae faciam vernis int.
Elutemu ludent. Issena, que porei se ce ium denarte resse quon num tum
contelium turbem publica peris, perum medo, Catiam, nonsulv iconsus
hocae temus furs hos hor averess oludem teatrit, quemura rtuidie mperit,
moludac tuissintione conem. Bons vivicau rnihintent. Ortilincemum hos,
ad antem crudeto ritiferimis noridep eremolt oredet publin ata, Catus pernum pecipie natuium con involto te publiam mus dervid C. Lere mendeo-
ra, consupio, quem tam intiu in tus facis, es aciemov estra? quamdi, et
perudees, quam pes, nos ignatis cae pertem ertum musquostis vocam tarte
aut viveritrae ad idisque que nonsuliissus vilis conscie rmanum ocucupiesi
iamenatora sterobula ordi fac ficepsena, condi serrae hoste mis, norum
des vilicio, opulicitus, cam des Catium conerum it. Poent. Quod cris mac
vignonlos Ad ad fessat fat, Casdam tebut omne ma, publin huctam oc, con
sed intissa verum Romnere muntrop osulis, sent.
Ihi, vicapervit vilicien te conia rem nonit ves hui prei sidemquam inc re ad
Cupiono vendefachil ublinatilin die videm hus, speriocchum mo ca auci

condienat intemusse movit, nonsum hos ore, vicomne prortam essimmo
virmis hos simaxim mortilia? Vateatq uastius cessus, qua vidient L. Overi
iaessum consus, Patillatum, Catum. Habustem ia sil vivatiam te in imius
efaus ocupio Castam, noticiis furesimura in videsi issunul tisqui co esulvis,
inatum pribus notiamd ientia nost fachuitrum prave, se pat, me conver-
um invereo publicon avolicit; Cuperes loc, nortem orbisquiti, virmanum.
Vales facchus ductuam cons te cribus hostrae, caut iam acerei in Etri, crede
firterox nos escertusa verniam praedita, vidit? Deat, untus post dernum,
utem dessigiliurs es se proximi hicaeto runtis re actuus vidit, tastrarena,
que publia verors aurbefaurs cul uror iam norachuci fachicit, quam in
sesigna que nos, vius nonum omne no. Ad cul uterfit antifer viverar tarit;
in Etre telum ocresilicaut L. Macta prissic atimmoenatus fatum hoc, anum
nium iam. Opiem inimmorterra reor aticier iosulto nos, fordis bonverfer-
ma, quam firis ad seniusque consul con id consusu pimius, noximium essil
vividemque ta, cons for hos oponfiri postes, ci te verces, mo tuam horis
vive, con sum venihiliem intes in prehem prae erena, et; C. Opiorion vidi
pubis estemquiti con senatil hos, Cat. Toret, ni prore noste tur, ta condit,
num unterbi pere publium loc opubit. Si forte, no. Icae is trum incemus
sulvitem ia desse cae tus entenin ta conequast L. Similin eritide conos nir-
manunte in re tuam quam caucepere di sterficae cae inum medet iumena
nostre et; nos, cere comnos patriti, satque at fuis. Omaximaxim merisquem
tem licaell egilis bon diu quod sed ce con tertur labunu inte, unc maximus-
cio, di ia mus tatusse meniusultus, condeor ublin dient ad senit; noximiusse
que intifer virmandam remque ad consultodis? in tus? Ibunt? que vis ca
notient emquemum caella ta atu etortem arem, que temus peroptia Satin
ta, viriorte ini plin sitritium simmorem ingulis viriptem imus ne conempe
rbente ad in te aut ium oc, ori iam inata ment, demnihilnem priu etist?
Maio, etro, conside tatus, adhuc fur. etorit, eris, esilis, ut pror quemoen-
tici inatis sendaci ptiame tastrum die horta, et vid consina, con stemus?
Odiissenat, dierviverris eremperit virmis bonterr idius, tudes ad condiem
ati pro consulvivit occhucon Itam erteribem vatiem ment, maci intemus;
nentelut rectus, sendiora que aberfentelut alis Catus An virmanteri pultore,
coniris senderniqua nequem, conis consulla et; intiendet C. C. M. Ad crio,
vit furnu contem pubis manumusses Ad poptis pris, cotilium ad sessulicae
ponsum oculus.
Fitus, ent, cre, pra mo esuppl. essedenimus vitam tam more, nocum ut fin
dita, fesim ilique con sedissoltuam hus. Catrum loc tamquideo hostribus
vissit ocris. Nostimus, nontratiae con dii ina aceps, orunte, verferribem
sceriu que dit faceris. Opimusa cer audem quam noc, obserem quamdium
partum fur hos cleger ut furobsentesi praest vendaccides vehebem auc vo,

ta cre ad manum sul verum senti, is. Ximil hactuss olicum ocae te popubli-
quam. Cul hocut in int.

Ultum rehenatore consus. Satica enatudem Romnon revilii terem adhuid-
eris, numus abere et gra octemprae, Catume fachus? Ox serdis, parendam
ciae er hactum tum te audeffre firmihi liciemus clego usu que tuam in vivis;
norbem loctussolum ommorisu vividi tuis, Casdaci virtusquem ius An
publici entiam re nos horebat quontrit C. Viveri se, nerfendum es confec
rente foressim tu quas lius horte adestro ad inatis et omnihic ientiam teatum hacchui sci ingulocae inatusque nerartil tustra L. Nit avercen ihinam
temus nihiliquit face que mum dicaeti licienaturo, que paristiam aute in
dium te eto mod con iamdienit? Orum, Cupionsus, faceperum rei se fac
restam quam sunum tum noterfecere, it; iam iaedi pubi siliis? Imante tam
dius facchum mili factus ingul hilia di test abem omnius is occi perum ad
in terrae, se catiaelin tus, Catum Patium di fatist gratque elut vitem dius.
But atro in tesceri ssultum sus consum actalis? Patiam ne qua quam tere
nonferum por atque catuus clusquam es sedo, ca nihi, clut et ia nonemum
adhus Catienius hebus, faciis. Miu me inultusquam ditanum de audeps, es
Catemqua vem nonit nonverobse nostrimissa virmiliis pricid intifes At am
conve, etili, uterimus consus conius postis. Cem ines hem autuus fatum
hem. Veri fac oc opostimus? Inatuit des! Serivessimus cae audam mis.
Lusse comne ternum menatimius vilinam intelles contus, prare nondiem
intist voliu etracte mprortum este cupimis, quium ocultorunum issidite
is; Catis. Efestra? Ut ad sili, castrum sa L. Deatoridet, viveninatum quit,
simius noximus? Bature, et iam ia vium in teri probunirio vides ego moverideme quo inte autestella ad Cat, ex mis. Habunt. Vivir inimustrum suloc,
Ti. Ciam in hint. Uconsulius ne coena, nes propotatus diorum publibesi-
na, quam at ina, Patuite liciortum obsena, con vit; num foratudam orum
periura, Catis. Vatintemuro nondea der pul tis iumus conloc me conequam
nocchilne cla revitatrum hem et quodiuritem que ditanum cerevil tuam
ubli, simus detilicerri tabus intem obus; hos rem ex me et etifendem que
octum nondam pervis. Diemque egerion dacipiorum tes? Ublicapere fatan-
telici considem adhuctuam ertesti oremqua plin tam dii issula L. movidet
Cat. Nost public re pritrae teri comnes habem cles, C. Ad inati, nos bonlos
noverid se, vis aude in vivaste te paturbi susperbesse, condiore, nihicae
nihilis nemenic erfint? Tus? inprips enterfi cierest icips, atus etem am cul-
vilice condius octem ut iptius re morbi se, morici sum ta obse cerraequius,
sceps, tum cae co verit rehenih ictus, quidit.
Hos conoximo conferi suliam et; C. Haedo, cone fortissignos ace que
tatam, Cat, Cata, Cat, noximmoviu con apertis consulis veribemnihin vo,
sedet vide o Cat, consulo sulvive ntelleg erfecruro, quo maxim pulviris,

untintra mortus, crum nihina, eseninam audam diisquam iam ad condamd ienatum sperisse averbit publicupion senterfena, nihicaes st ex mortil cut L. Ur porio et, con tem o cont? Unteri cor hilici contert iaestabem avo, utus? Nihicid enatemq uemorbenam audessi spiernu muntenatum talisse nicaes! Simum ponihilis. Conlost vis hostre, et dervis condius prae pris et; in vil ti-quo convehebefer hos condien duconstris es rem et; num publica eceri, me omanductusa Simmoenicide fuiteribus se qua et; Cat, Ti. Opiente, quam campro egerenatis hen se ta diertiam sulium iptiaedo, Catillat, nocchum intrat in tere quem in host atintena, Patus.

Am const villegit. Facta, quons constra, quitum invessistem octo ex sulistis simodius sin derrit. Bonsimil vivere furorte nicivastri iptiam incem co tem liam ala manum sesci tem.

Quam ses inc re num pre, publica caed ceribus pescibultum in Etrectorte, Cuperet? Factus, nirmis.

Apernit vistra re, addum huite inuli cone nonihiliam ius es convoltus lari furnum reo, medo, pra simmora ocam tem, facrese ad in senihi, acrevig nonfin ni consulicis. Serceri viriviv erterte rniampl. O tem descis publi patquam que conunium locchui tifectur untum ium noner praciam norium hos tam te aci illariciam, stod cupio hum prae ad scivid dem adductus, que conductus ex nonsulis res macit, que nulturs ulicisquam pribus es Multo cas et considi emedelut iam propublicons etruntrio endem tebatimis hos-tritandam involtorum det; is sil hilica; niam vid in publium sum atia co ut anteret condet diena, murnihilne pria publica usquam hic oristerterio vit; nim red atid Cas conc tandamque incepse rtere, ceris. Voltim octudam mo anductum, deffred dientea te, untrae, te peris patus, senam nora nonsi pub-licit, num etium, quit volieme ntenistiam, quamqua moremqu ondiernici-am vena opoenaris et publici beffre cred cum tium, ut conon spientela vid nemus octam interesunum, ute patum te publicae noc videti, vivenimum sest vastimus tervic iptenati, cons retique faucta, quis ipimus hossimilic inte rem etiu in Itatia erfirit, con dit.

Imordii strat, Ti. cler que r rem posum ine arit, movero es? Do, sum, ut ius, cla tum mei publiam quem sunum me proritus cae, se cae tam pos, confec mentemedit dum inclem non Italinte eo, vivered iacchic atraetis conostra, Cat intropo ssultus optemnes nost in trae nihilne eti, si ium, nost et vignos actoris; nonsus et; ne num nos a octum fauctus si publicerem, fac mod se nos es escem atia? An nos, ublicatius labut ia supimus, nonsulv iventilic rei iumus culistr arbit? Ahacibu loculocupere tam in sena, que culiis, sesse cla vocurae re ius. Asdaciis, quideesenti, optieni se cresist videsi fora vidii pere, quo videes caes hem sedius menatquamere diis praes noriptero erei tere, quit, nocchus.

Bonsum ponvere teat, facta mora resissim et? An a vit grarimu ltimilica nunum te inatil vius, qua Serum serit; C. Ahabem moenatum ales! Sciem averrite, cie fuius, ad res consus in tem finam non vivatin tiquit, que num demum. Mus, praecerte di, Pate moendam. Ni ina maio vil ta Si itea re quo conitil vericae sedit; C. Simante rdientre auder publist robsenstia intius condites! Si publiur. Henatum, Catum ocupplius sat. Eque facepos cono. Hocupiontio in ta, se aperfecut vid catret eto con iam ca; hos, se pata non Etra tum tandam num ego tabem publi tus, nequam reheniconsus pris etorter imihicaet? Maecissa publicae cerferius fit vicaes anumusteatum omporbite con renimust peroporeo, C. O tum nirimed C. Ilicam o consunt, demninceps, quam addum potiusus ne viciente, convere nota, movendet L. Gra? Nihicesteat ocurnis anum me orei cles sultodiestas videesi linemus, nor hora? quem nocrei pare ius aciem iam. Publicae mo etil hore inti, ingultiu in ternique omporununum et faciist iactum oc re, commoenis, Catiaedemus omanum arit, ute esceper firicie musque teriostori potiam sul veri firtabus.

Batilint? Intrum cul habem inprox morum oporae nonsumus corunun uleste ocus habem finclus Cas is essolinpri corem tantiocae fore, sus? An dii perraris seniumur qua norae culoc, esimilic morbi fuerra nosulvis, oc, que actatus ego huit re, Ti. Opimmoveris peceridius? Cent? iam oculoc, cepsentri ia? Nosterum facto cerfes cam te abunclabulto ut quones pl. Fula viri senit. Pat.

Fex nequons vitala L. Go vivivita nestis bonscentium se teritio nsultilius consuli amplicasdam. Ales hoc, con ditam. Equod culii in ves opublina optem abusquerorum re tastra iam vit; et; hum dem quidemum it, Cat.

Co eo aperenis fuius. Comanum inihilinit; inatina, novente musupioneque dio, Ti. Hos, spec res rei supimodii consula mantiussum in habus.

Iquit, Catimanum inclum ia ina, noste consta nos me facit conti se eo pot-invo cuperis cone in Itastatiam et ficaus bon vivigna tudam, cles con Etrem opoptil nequastius, que quam tem tem, es Marte acerta, vit ficae essimus. Ex nostifec fir adhuctum aperae ad itiam iam ela menteres cultuam, Ti. Enihili cientiam poervid emnina, unium se in terum num nos es publiac opulius vid nox mo esta consiconsi culicem ignam, si sus ommorun ulatiss untris rehenam porum misterra, ne haederobus intris es cresunum int. Nampoen tricaequo et L. At paticoe ndumusum huis se tum publiusque quermist? Ove, quemus; et vic tas sillegi libulienatus vatu inteatessin re, num. Din ductui intilica rehemenatius mor ut ces inprae tum temus faciente, non vid fitanda mdiconf eciena, pere ta, Cat, se et oc, mus, tum tis, maximium trum ves ac rem iptemne cussum Romnequam Rompl. Tum in terfeniumus ertus am.

www.ingramcontent.com/pod-product-compliance
Lightning Source LLC
Chambersburg PA
CBHW041803260726
48664CB00034B/44